文史哲學集成

鄧國光著

韓愈文統探微

文史哲出版社印行

國立中央圖書館出版品預行編目資料

韓愈文統探微 / 鄧國光著. -- 初版 -- 臺北市
: 文史哲, 民８１
面 ; 公分. -- (文史哲學集成 ; 263)
ISBN 957-547-162-8(平裝)

1. 中國文學 - 哲學,原理 - 歷史 - 唐(618-907)

820.194 81006574

263 文史哲學集成

韓愈文統探微

著者：鄧國光
出版者：文史哲出版社
登記證字號：行政院新聞局版臺業字五三三七號
發行人：彭正雄
發行所：文史哲出版社
印刷者：文史哲出版社
台北市羅斯福路一段七十二巷四號
郵撥〇五一二八八一二彭正雄帳戶
電話：三五一一〇二八
實價新台幣二〇〇元
中華民國八十一年十二月初版

ISBN 957-547-162-8

韓愈文統探微　目次

《韓愈文統探微》序

我讀昌黎文，除辭賦不計外，若論說、若雜著、若書啓、若序跋、若墓志，總三百二十餘篇中，獨對原道、原性、原毁、原人、原鬼、讀荀、讀墨子、師說、進學解、諱辯、伯夷頌、子產不毁鄉校頌、雜說、獲麟，以及送李愿歸盤谷序、送董邵南遊河北序、荆潭唱和詩序、送廖道士序、答李翊書、答劉正夫書、送孟東野序等數十篇，咀嚼彌甘，翫味無窮。舉凡其吐辭發議，無一處憑空立說，都是就眼前事、周邊人、胸中理；出其所知、所感、所能；然後再運用他那詭譎多變的筆鋒，點染穿插，迅若雷電，勢若江河，時而萬山起伏，時而彩霞滿天。令人目爲之呆，心爲之凝，氣屏神聚而莫究其所以然而然！

昌黎幼年孤苦無依，既長每試多敗，當貞元、元和之際，奔走於權貴之門，流徙於汴徐之野，目睹朝政不綱、士風敗壞、群藩坐大、割地自雄。每上書言當世事，輒又多被詆排，貶謫於蠻荒海陬，而呼救無門。但他始終秉持中原人士特具的性格，和苦難的人生相拚搏。所以發而爲文，雖是萬斛情感，如泉湧山出，但血淚交織的顯端，却盡成流浪者的悲歌！

尤其他那力挽狂瀾、砥柱中流的氣魄，盡其在我，不計毀譽的精神，眞如晨鐘暮鼓，足以師表百代，不僅可奪先秦兩漢諸子之席，就魏晉六朝以下而言，亦六百年來所僅見。清初章實齋以爲：「近世文宗八家以爲正軌，而八家莫不步趨韓子。」視昌黎僅爲文壇正宗而已，此又何足以知韓子？何足以知韓子爲文的用心呢？

友弟香港大學文學博士鄧國光先生，好學深思，沈湎昌黎文多年，感懷其辭雅道眞，特著〈韓愈文統探微〉一書，以抉發先賢的幽光，並於即將鐫版行世之際，問序於我，我因素好昌黎文，又喜先生得昌黎爲文的用心，故樂序數言，以爲天下同好者告！

王更生序於國立臺灣師範大學國文研究所，大陸來臺之第四十三年。

陳耀南教授序

認識鄧國光博士，是一個愉快的記憶。

記憶從受委審查他在新亞研究所的碩士論文開始。一個有關上古祝祭之禮的研究。研究者考證綿密、訓詁精詳、行文暢達、論斷確當。此地此時，有這樣國學修養的青年人很少了。於是欣然依期到該所參與口試，見見這位素未謀面的論文答辯者。

他，態度溫和而謙抑，作答堅定而充滿信心。在其他學府見過最優秀的碩士候選人，論文和口試水準，也不外如此。

完畢之後，和他閒聊幾句，不外「甚麼院校畢業」、「等幾級榮譽」之類。答案是兩次震愕—或者，某時某地，某個制度，在某些人操持之下，另有我們所不能理解的「準確」之處吧。

港大的中文藏書很不錯。他有意再來進修。當然，限於規章，仍然是碩士。

順利地過了一年，「摯虞研究」，竟寫了堅實而精彩的十萬多字。驚人的勤劬。可喜的根基。那則保薦的特別規條，可以用上了。在系主任的支持下，導師的推舉被有關委員會通過—他罕有地被批准：依章改修博士學位。

再過一年，論文完成了。識見弘博、審查嚴謹的其他兩位評考者，都給予難得的最優等級—不必任何修改，直授博士。

這件事，因爲本書自序提起，所以我也交待一下始末經過。要特別強調的是：作爲他這一段努力過程的審視者，我們當然不敢—也不應該—「貪天之功」或者「攘人之美」：發掘人才、幫助人才，原是我們職務上的本分，沒有甚麼值得矜炫的。須要表暴的是：人間還有公道，學術的才能與貢獻，到底會被認識。這總是令人愉快的。他年前公諸社會的《摯虞研究》，就是最好的見證。—小小的遺憾，就是沒有印上他最初那所大學的徽誌。

當然，許多好書並非大學出版。不過，現在人們評論著作，似乎都先要是大學出版才另眼相看。如果要內行地談內容，某些高高在上的人的馬腳，就難以藏閃。有些人當年近官得力，後來就憑官使力，阻塞賢路，連原先出自自己門下的人也不放過。這類事情，中外古今都屢見不鮮。人，畢竟還是進化中的動物。

好在，香港到今還是一個比較自由的地方。學術上的個體戶，也並非沒有出頭的餘地。情況似乎比韓愈青年好一點。

當年韓愈要取得資格，中央政府是獨一的機構；要得位行志，就不能不經過執政者之手。不過，也好在，執政者不只一位，更不是永遠那位。憐才好士者不會缺乏，正如一個人才在奮鬥進步的途中，總會撞到一個又一個嫉賢忌能者。

直到現在，韓愈還有他的妬忌者。翻一翻《韓柳文研究彙編》，裏面就有位當代的先生，要罵槐指桑，借退之來退氣退氣。四人幫當道之時，大陸以至海外跟風「學者」的揚柳抑韓更不用說了。通達的袁枚，見識及人格應該比他們高，可是，大概也因爲「心有所忿懥」，批評古文家有「頭巾氣」與「門面語」。

崇尚「眞性情」者往往以爲一講道德教化便是虛僞，不知道如韓、柳、歐、蘇他們的「以文明道」，更是出於痌瘝在抱的性情之眞。若干年前，有「幸」拜識某位魏晉式老名士和他的門生，他們標榜八代，「清高」地對「很笨很笨」的杜甫、韓愈等人不屑多提，更聽不進眞正的古文家「不可以僞爲」、「必先誠其中」之類的話了。

胸襟見識比他們超出太多的錢默存先生，早就說「豪俠之氣未除，眞率之相不掩」的退之「可愛」。同樣精治六朝文學的國光博士，對韓愈也有同情而深刻的了解。他提出：「愍惻當世」，是韓愈以至他文氣之說師承所自的孟子一生作爲的原動力。「明道」是他們具體的實踐功夫，並非徒然口號的標榜，即如朱子所謂：「文」從「道」中流出。作爲哲學家的朱子，不免標擧〈中庸〉的「誠」而偏重「心性」，作爲文豪而兼有事功的退之，就早已獨具隻眼的在〈原道〉中發揚〈大學〉精義。所以，他的「以文明道」，是用之爲教；他的「以文爲戲」，是用之爲樂。本書上述見解，都是非常正確的。

劉勰說得好：「世遠莫見其面，覘文輒見其心」；「文」出於「心」，「心術」是「文術」的根源所自。國光博士這本著作，以意逆志，發明退之本旨。昌黎先生在天之靈有知，想必也無比欣悅，喜慰於「文果載心，余心有寄」了。

崇基中文系畢業三十年前夕

陳耀南　謹序於香港大學

自序

杜詩韓筆，分別體現中國古典詩文的至高造詣；千百年來，無人不讀，這當然指中華文化圈而言。有人會說：「這樣重要的作家，經過世代的研讀，難道還可有今人置喙的餘地嗎？」因爲這種觀點的泛濫，致令很多博碩士的研究論題鑽向那鮮爲人知的角落。但要知道，出色的文學作品之所以保有強大的生命力，需要一代代人鍾情的向慕以及知性的闡釋；這樣，隨著時間的推移，作品所累積的「意義」愈厚；而「文章千古事，得失寸心知」，一種隱微的心靈感應，並不因時地之隔，構成至爲獨特的文學生命。感應有深淺，前人或已見，而後出轉精的情況不時出現。

這本小書，是本著「以意逆志」的原則探求「韓志」。在中國古典文學領域裏，作者的「志」是作品的靈魂。從這方面入手研讀，是不二法門。當然，闡釋文學作品的意義是存在很多途徑的，但應以此爲基礎，方才左右逢源。事實上，就以韓文說，討論的文章很多，但深探「韓志」，依然有待。本書五篇專論，乃屬這方面的補白，分別就「正」、「反」、「

合」這一辯正關係重現「韓志」。

「正」者是前三篇。第一篇確定「修辭明道」一詞，才最切用於韓文，是韓愈以孟子為一生理想的追隨目標，韓文的體格亦奠基於此。第二篇辯明「文以明道」、「文以貫道」、「文以載道」這三項在韓文研究領域至常用的語詞，探明淵源和本義。「修辭明道」爲韓愈立身趨向，是上擧三詞的內涵所未能包容的。釐清詞義，是文學研究和文學評論所必須注意的，尤其是中國文學。第三篇辯明宋以來的「道統」觀念不能用以研究韓文；因爲韓愈講「道之傳」，是以孟子的仁義爲根本，而宋儒的「道統」，以〈中庸〉的誠爲核心。兩者存在自身的界劃和內涵，不能混爲一談。籠統地以「道統論」釋韓旨，是一種比附。歷來對這問題都是不了了之的。這三篇徹底釐清涉及韓志的辭彙，突現了韓愈以孟子爲追慕對象的理想人格。

第四篇屬「反」。這是指韓愈的「以文爲戲」，韓愈淑世用志的另一面，爲學術界長期未留意的問題，事實上却是和韓愈「修辭明道」互補的創作態度。本篇說明韓愈「以文爲戲」的背景和特色，並且分析了「以文爲戲」的文學意義，韓文的「破體」又或者韓詩的「以文爲詩」，是「以文爲戲」的結果。而且，韓文出色不朽名篇，絕大部份爲「爲戲」之作。「以文爲戲」的作品，才是構成韓文的文學意趣的根由。就文章體格言，「修辭明道」的文章用世，期於流傳，所以行文平暢，是韓文風格「正」的一面；「以文爲戲」的作品所以自娛，運筆矯健，變化不測，是韓文「怪奇」的一面。歷來論韓文多注目於「正」，每忽略更爲重要的「奇」，顯然未得韓志的全體，本文補充這方面的空白。

第五篇是「合」，就前四篇爲基礎，確立韓愈以志爲本的創作力量——氣，韓文不朽的大源。本篇中國文學批評講氣的意義，進而辨析「氣」、「志」、「言」三者不可割裂的關係；就這一關係，勾勒出存在於中國文論系統裏的兩種方向；其一是孟子、韓愈所主張的「尙志」論，以「志」制轄「氣」和「言」，開放了作者的絕對自由的思惟空間；其二是「氣、志、言」遞領的主張，告子、王充、曹丕、劉勰以及後來很多「文氣」論者所崇尙，以質性的「氣」爲制宰。重氣而不求之於志，並非韓愈的宗旨。歷來論韓愈文氣說的，都忽略了這大體的問題，而終未得要領。

以上五篇文章，就韓志而探明韓文大體，因內而外，由微之顯，俱會心有得的研究成果，絕非補假鈔綴而成，雖不敢說已盡現韓志，但這方面的系統探索尙屬初步，是「逆志」式文學批評的嘗試。草成書稿，像放下心頭大石，驀然浮起與韓愈恩緣的往事片段。

我十二歲已因爲家境的極端貧匱而輟學，要跑到社會上謀生了。童工的生活極不好受，工作環境的惡劣，不是一般人所能想像。但好學的本性似乎永不磨滅，未有一毫的減蛻。晚上例必徘徊於舊書肆之間，在那兒尋求生命的一點兒慰藉。偶然檢起一本完整的《古文觀止》，從此開啓了我對古文認識的大門。晚上租住在人家厠上蓋搭的小閣，僅可容身；於夜闌人靜之際，蜷伏在昏黃的燈光裏，展讀《古文觀止》，日子久了，漸漸成誦；對韓愈的文章，印象尤佳；偶然一些心領神會，便記在日記上。現在翻閱這些少年時代的讀書記錄，不免有點欷歔。我就是這樣認識韓愈的。一九七八年考入香港中文大學中文系，時蘇師文擢教授開設「古文寫作」、「論語」、「韓愈文」等課，我有幸親聆謦欬於席前，大開眼界。大學畢業後，在中學教書，但總覺學不能致用，於是在私立專上院校兼任些課，希望播開學術的種子。在講授「楚辭」、「文心雕龍」、「韓愈文」等課時，來聽講的朋友很踴躍。事實上，在香港這聲色犬馬的殖民地土壤上，還有十分多不斷努力充實自己而且衷心愛護中華文化的有爲青年，他們對學問的熱誠，亦倒過來給我一種莫名的鼓舞。教學相長，對韓文的體會更爲深刻和眞實了；本來想錄之於筆，公諸同好，以收切磋之效。無奈白天在中學的教學任務的確太重了（一週三十六節），還要在晚上騰出時間撰寫高級學位論文，根本不可能擠出分秒下筆。到了九一年將盡，得以任教於浸會學院中文系，工作的條件好了一些，便趁機整理了縈繞心頭多年的理念，草成這部小書。爲了體例的完整，其他不直接涉及韓志的，留待他日再發表了。

在這裏，我得感謝香港大學中文系教授陳師耀南博士，不只因爲耀南師允爲賜序。於中大中文系讀書時，我已仰慕其爲人，但一直都沒有機緣見面。一九八七年我在新亞研究所提交碩士論文，耀南師竟是校外評審委員！在論文答辯當日，耀南師鼓勵有加，不啻給久躓的我以強力的支持。接著，蒙耀南師不棄，取錄我爲香港大學中文系的碩士研究生；翌年，又爲申請轉入博士班。在香港大學中文系，這都是十分罕有的破例，其中，中文系主任趙師令揚教授的關懷和支持是很關鍵的。再一年，我提交了博士論文，獲得校內外評審委員的一致嘉許，沒有令耀南師失望。博士論文於九〇年以《摯虞研究》爲題，在香港出版了。耀南師推挽後進的熱誠，和韓愈沒有兩樣。重提舊事，正因韓愈而發。此外，我必須感謝國立臺灣師範大學國文系教授王師更生博士、高雄醫學院國文系教授李師雲光博士、美國威斯康辛大學東亞文學系教授周師策縱教授。更生教授是我博士論文的校外評審委員，對我支持和鼓勵，十足體現了中國知識份子引掖後進的高尚情愫。雲光教授一直是我的業師，從大一的「經子導論」以至於碩士論文的指導，雲光教授的諄諄教導至今不忘。策縱教授曾在中大中文系開了一年「紅樓夢」，淵博的學識令我一開眼界。最後，更感謝文史哲出版社的正雄先生在面對著虧本的情況下毅然允爲梓行拙著，正雄先生對文化事業的關懷和投入，是那麼令人感動；中華文化的復興，就需要這種精神，假如中國有多些如正雄先生如此高瞻遠矚的人物，便是國家的大幸了。

才疏學淺，拙著不足的地方很多，敬祈海內外學者不吝匡正。苟能拋磚引玉，誠爲所願。

鄧國光

一九九二年四月序於香港

敍例

一、本書專論五篇，相互勾連，實一整體，乃是對韓愈古文文心的全面探賾。

二、每篇分述以若干小節，以〈一〉、〈二〉等符號標示，顯示論述的脈絡，亦方便尋覽。

三、凡所引專著用《》號，單篇用〈〉號。至於每篇附註，凡徵引文獻，始出的詳列出版資料；其後徵引同書，但注書名及頁碼。每一篇附註自成一體，方便檢索和覆查。徵引文獻俱詳注於各篇，所以不再在書後臚列；至於參考文獻，則因涉閱甚多，若有引用或意取，俱已註明，絕不掠美，所以不列書目，免以博涉矜夸。

四、凡稱引古今學人著作，皆稱姓名；此但求敍述的清晰，絕無不敬的意思。雖然古人以呼名道姓爲不敬，但時移勢易，亦須稍依權宜。

一、修辭明道

——韓愈安身立命的歸向

一

寫志述情，是潛沈在中國文學汪洋大海裏的暗湧，滲透在文學國度的每一處領域。透過精緻的文辭表現形式，作者寄寓了自己的情性、渴求和理念；隱微深邃的精神世界，因文學而得以復現，甚至於突破了時空的拘限，經過一代又一代的文化闡釋，充盈以至於無涯涘的境界；除非文化斷折夭亡，文學生命的延遞永無休止。其中承傳的機括，就是孟子所說的「以意逆志」；文章薪火的延續，因這「逆」的精神感知過程而實現。作品文字之間本來包孕作者的人格情性，才可能「逆志」；讀者活躍的精神脈動，開放自我的心靈空間，始能有所容受，「意逆」這一精神的主觀能動力量，便產生了闡釋的功能。因此，穿透文字表層的外殼，深入底層的內蘊，發掘出作者寄存於其中的人格理想——志，而能動的意逆闡釋，獲得至爲切要堅實的根據，擺脫了作者面目全非的漫無邊際的猜瞎。就今日流傳下來的韓愈的作品，勾沈那深隱的人格理想世界，意義在此，因此而爲以下各篇論述的基礎。

二

唐李漢序韓愈文集，極推崇韓愈的成就：

> 摧陷廓清之功，比於武事，可謂雄偉不常者矣。①

謂韓愈的文章無堅不摧；能夠有這種「雄偉不常」的表現，當然必先具備非比尋常的條件；《舊唐書》本傳說韓愈有這樣的抱負：

> 欲自振於一代。②

可說是睥睨一世的懷抱了。要了解韓愈這種自負的態度，最直接不過的，當然是他的作品。先看〈爭臣論〉收筆的一段文字：

君子居其位，則思死其官；未得位，則思修其辭以明其道。我將以明道也，非以爲直而加人也。③

韓愈在這裏說明他理想的君子的典型：仕途得志，便義無反顧的克盡其職，甚至於以身殉職亦在所不辭；未得志的時候，惟念「修辭明道」。韓愈高揭「明道」，以作爲自己未受朝廷恩捧時的職志。何焯在《義門讀書記》中論〈爭臣論〉所述的本志說：

作者本趣如此，所以異於小丈夫也。④

說明了「修辭明道」的態度，是韓愈所以卓越的根由。對於這關涉韓愈一生志尚的觀念，因而亦不能掉以輕心了。

韓愈在其他文章中也存在「明道」的表示；〈上兵部李侍郎書〉說：

謹獻舊文一卷，扶樹教道，有所明白。⑤

「扶樹教道，有所明白」八字，可視爲「明道」一辭的注脚。韓愈所呈獻干仕的一卷「舊文」，不論是否注家所說的〈五原〉，都是明道之作；韓愈所提出的「明道」，或以之勸善，或以之撰作，是具體的實踐工夫，不是標榜的口號。〈進學解〉說到「孟軻好辯，孔道以明」，提示了〈爭臣論〉所標擧「修辭明道」的淵源和本質。而闡述韓愈的「明道」原則，便須結合孟子，不可以孤立地看待這個問題。

三

唐人講「明道」，韓愈不是第一人。古文先驅的柳冕（?—八零五）和梁肅（七五三—七九三）的遺文還保存了有關明道的言論，柳冕〈謝杜相公論房杜二相書〉說：

> 故文章之道，不根教化，別是一技耳。……至若荀、孟、賈生，明先王之道，盡天人之際，意不在文，而文自隨之，此眞君子之文也。⑥

柳冕以爲文章必須根於教化，以荀子、孟子和賈誼作爲教化文章撰作的典型；三人的作品稱得上為「君子之文」；這些文章具備了兩項內涵，一是「明先王之道」，另一是「盡天人之際」；前者可算是一種明道的意識。梁肅〈常州刺史獨孤及集後序〉說：

> 夫大者天道，其次人文。在昔聖王以之經緯百度，臣下以之弼成五教。德又下衰，則怨刺形於歌詠，諷議彰乎史冊。故道德仁義，非文不明；禮樂刑政，非文不立。⑦

梁肅「非文不明」的「文」字，屬廣義的觀念，所以史冊亦包孕於其中，但作為文辭撰作的基本旨趣，固亦可通於專義的文章範疇。「道德仁義，非文不明；禮樂刑政，非文不立」兩組句互文見義，說明「文」是推行和建立政教的基本手段。梁肅這「道德仁義，非文不明」的主張，可說是一種明道的理念；在實質上，都是以「教化」為根本，屬於工具論的看法，和柳冕沒有兩樣。

中唐時期這種務實的明道意識的出現，自存在時代的契機，絕非偶然產生。《舊唐書·韓愈傳》載：

> 大曆、貞元之間，文字多尚古學，效楊雄、董仲舒之述作，而獨孤及、梁肅最稱淵奧，

儒林推重。愈從其徒遊，銳意鑽仰，欲自振於一代。⑧

崇尚「古學」，效法漢儒楊雄和董仲舒尊儒之文，是這一時期的風氣；這種文風的改變，當然是與時代盛衰的脈搏跳動相一致的。《舊唐書》編者不喜歡韓愈，故意標拔獨孤及和梁肅師徒二人，以爲他們才是儒林推重的人物；而韓愈只是接近二人的門生，尚未得親炙；亦即是說，韓愈只得二人的餘波，便謬想「自振於一代」了。有不自量力和狂妄自大的意思。晚唐五代的孫光憲說：

唐代韓愈、柳宗元洎李翺數君子之文，凌轢荀、孟，粃糠顏、謝，所仰宗者，惟梁肅補闕而已。⑨

錢基博先生《韓愈志》又推衍孫光憲的觀點：

古文之所從振，韓愈由之而顯。⑩

把韓愈在古文撰作上的成就，全歸功於梁肅一人的開導，較之《舊唐書》更爲獨斷。誠然，韓愈十分懷念梁肅，試看〈與祠部陸員外書〉可知；不過，韓愈所津津樂道的，不是梁肅的文章，而是在仕途上爲韓愈所作的推挽，視梁肅爲伯樂。⑪事實上，梁肅只長韓愈五歲，四十歲便去逝，尚未踏上文章撰作的高峯，而肅也是篤信釋教的人，謂反佛至爲堅定的韓愈惟獨「仰宗」梁肅一人，亦於理難合。即使就「明道」的意念說，梁肅以政教手段看待文，與韓愈之自視爲理所當然的職志，實非相類。韓愈在〈答崔立之書〉中便說：

僕如年十六七時，未知人事，讀聖人之書，以爲人之仕者皆爲人耳，非有利乎己也。⑫

以無私的態度爲入仕的精神，和〈爭臣論〉所說的「君子居其位，則思死其官」的意思是相同的；那在〈爭臣論〉提出的「修辭明道」的主張，韓愈十六七歲時已經獨自萌芽；要知道，韓愈之受知於梁肅，已經是八九年之後的事了。因此，視「明道」的觀念是梁肅對韓愈口授指劃的單傳心印，很明顯是不符事實的。

四

但「明道」一詞絕非唐人所創，實源遠流長。考之古代文獻，如《禮記・中庸》載孔子的話說：

道之不明也，我知之矣；賢者過之，不肖者不及也。⑬

從正面講，便是「明道」。《漢書》載董仲舒對漢武帝說：

夫仁人者，正其誼不謀其利，明其道不計其功，是以仲尼之門，五尺之童羞稱五伯，爲其先詐力而後仁誼也。⑭

就辭源說，兩者都可視爲「明道」一語的淵源，和儒家關係十分密切。《舊唐書・韓愈傳》載中唐「尚古學」，而「明道」的意識也同時大行，可見和儒家思想的擡頭有著千絲萬縷的關係，其中，董仲舒的影響是很明顯的。

若以「明道」一詞論文，則以劉勰爲始。《文心雕龍・原道》的收筆說：

> 爰自風姓，暨於孔氏，玄聖創典，素王述訓，莫不原道心以敷章，研神理而設教，取象乎河洛，問數乎蓍龜，觀天文以極變，察人文以成化；然後能經緯區宇，彌綸彝憲，發揮事業，彪炳辭義。故知道沿聖以垂文，聖因文以**明道**，旁通而無滯，日用而不匱。《易》曰：鼓天下之動者存乎辭。辭之所以能鼓天下者，迺道之文也。⑮

「道沿聖以垂文，聖因文以明道」是互存的關係；「聖」指由庖犧氏至孔子等和《五經》的撰作有直接關係的聖人；「文」屬廣義概念，泛指一切現象，包括聲音、色彩、形狀，以至於人的情感表現；道是指那存在於「文」之後的本質或規律。劉勰旨在推尊文章的地位，便把文這概念視爲與道並生的必然現象，有道即有文，文和道表裏相須，不可分割。自古聖人體道成化，施諸文辭，以成《五經》，而道因聖人的述作遂得以大明。這種說法，是爲作文「宗經」提出理論的張本，以矯正齊、梁時代譌濫的文風。至於「明道」一語，專指《五經》的特殊價值，卻不是對後世作家撰作的規範。

撇開語詞外延的雷同，「明道」的內涵各有所歸；韓愈所講，和劉勰的觀念便完全不同。前文述及論韓愈的「明道」必須與孟子掛鉤；事實上，韓愈視「修辭明道」爲自己尚未得位時體現文化承擔的責任，這種魄力和精神，實遠紹孟子。韓愈在〈與孟尚書書〉中，推尊孟子明道的功勞說：

孟子雖賢聖，不得位，空言無施，雖切何補？然賴其言，而今學者尚知宗孔氏，崇仁義，貴王賤霸而已。其大經大法皆亡滅而不救，壞爛而不收，所謂存十一於千百，安在其能廓如也？然向無孟氏，則皆服左衽而言侏離矣！故愈嘗推尊孟氏，以爲功不在禹下者，爲此也。⑯

韓愈筆下的孟子，正是「不得位」的君子以其言論用世，昌明孔道的極則；「修辭明道」其實就是孟子爲典型的一種理想人格。這理想的典型，韓愈少年時因爲喜愛《孟子》而奠立，他在〈送王秀才序〉之中說：

自孔子沒，群弟子莫不有書，獨孟軻氏之傳得其宗，故吾少而樂觀焉。⑰

韓愈既「少而樂觀」《孟子》，孟子那勇於負擔文化復興大任的精神亦深烙在韓愈內心，向

慕之懷轉化爲一種實踐的力量；於是，年輕的韓愈便嘗試撰寫「扶樹教道，有所明白」的作品；過了而立之後，用世的意欲更爲強烈；遇到三試吏部而不用的沈重打擊，不但沒有消磨壯志，在憤激之餘，仍不忘素志，透過詩文表達這股急於用世的熱誠，韓愈在〈答崔立之書〉中，便十分切直地傾訴自己的心願：

> 方今天下風俗尚有未及於古者，邊境尚有被甲執兵者，主上不得怡而宰相以爲憂。僕雖不賢，亦且潛究其得失，致之乎吾相，薦之乎吾君，上希卿大夫之位，下猶取一障而乘之。若都不可得，猶將耕於寬閒之野，釣於寂寞之濱，求國家之遺事，考賢人哲士之終始，作唐之一經，垂之於無窮，誅姦諛於既死，發潛德之幽光：二者必有一可。⑱

所謂二者必有一可，或得志而大用於世，或不得位則作「唐之一經」；總之，無論際遇或命途如何，都切盼以其中一條途徑來實現自己的使命。這本來就是韓愈的素志，但出以激動的語氣，後來的讀者便對他產生誤解了，如曾國藩論這段文字說：

極自負語，公蓋奴視一世人。⑲

又評韓愈的態度說：

視世絕卑，自負絕大。⑳

而鄧繹的《雲山讀書記》亦說韓愈「尊己卑人」㉑，視韓愈爲目中無人之輩。其實，志大而蹭蹬，難免有點牢騷氣；如果連訴不平的機會也不允許的話，對韓愈未免有失公允了。

五

韓愈既以孟子爲所追慕的理想典型，言行之間都充滿了孟子的色彩。在年輕的時候，已經是這樣的了。韓愈在〈上宰相書〉自敍生平素志，便是最直接的剖白：

其業則讀書著文歌頌堯、舜之道，雞鳴而起，孜孜焉亦不爲利；其所讀皆聖人之書，楊、墨、釋、老之學無所入於其心；其所著皆約《六經》之旨而成文，抑邪與正，辨

時俗之所惑。㉒

韓愈以所「業」，所「讀」，所「著」三項目勾提他前半生的關鍵節目，若一一追尋來源，全可以在《孟子》裏覓得根據。孟子「道性善，言必稱堯舜」㉓，韓愈則「讀書著文歌頌堯舜之道」；孟子「雞鳴而起，孳孳爲善」㉔，韓愈便說「雞鳴而起，孜孜焉亦不爲利」；孟子「閑先聖之道，距楊墨，放淫辭」㉕，「正人心，息邪說，距詖行」㉖，於韓愈成爲「所讀皆聖人之書，楊墨釋老之學無所入於其心」，而且付諸實踐，「所著皆約《六經》之旨而成文，抑邪與正，辨時俗之所惑」。因而，韓愈之於孟子，不再是簡單的追慕之情，而是把自己的生命投入孟子之中，復現心目中的理想人格。深入到韓愈的精神世界裏，孟子的靈光正投射炫目的光芒。韓愈在孟子中覓得生命的歸宿，所以皮日休也分不清兩者，〈原化〉說：

世有昌黎先生，則吾以爲孟子矣。㉗

於是，韓愈一生的言行舉措，尤其是出處大節所在，都可從孟子的言論中尋出端倪；以好辯說，韓愈〈進學解〉談及「孟軻好辯，孔道以明」，好辯在韓愈看來是孟子明道的表現。原來孟子排距楊墨，言論很激昂，當時便有很多人不滿孟子「好辯」，徒以言辭逞強㉘；韓愈排佛老，言論激切，亦自覺和孟子的境遇相似，受人非議，〈答張籍書〉便這樣說：

僕自得聖人之道而誦之，排前二家（指佛、道）有年，不知者以僕爲好辯。㉙

孟子因爲抨擊楊朱、墨翟的思想而得「好辯」的譏評；韓愈既學孟子，亦跟隨孟子的行徑，批評當世的流行思想，突出孔子思想的地位，所謂「孟軻好辯，孔道以明」；於是韓愈索性以佛、道二家爲楊、墨，作爲距息「邪說」、「詖行」的對象，來實現那「閑先聖之道」的神聖使命。在〈答張籍書〉中透露了韓愈觝斥二家的因由；他之所以如此，都是「自得聖人之道而誦之」所受的濡染；〈送王秀才序〉說到「吾少而樂觀」《孟子》，以孟子得傳孔子聖人之道的「宗」；那麼，〈答張籍書〉中的誦聖人之道，指的是誦讀孟子書。因此，韓愈的攘斥佛老，完全是孟子情意結的重演，並非從教理上平衡這些宗教活動的內涵，柳宗元在〈送僧浩初序〉裏便評論韓愈的闢佛言論說：

退之所罪者其迹也，曰：「髡而緇，無夫婦父子，不爲耕農蠶桑而活乎人。」若是，

> 雖吾亦不樂也。退之悆其外而遺其中，是知石而不知韞玉也。[30]

韓愈之所以就僧人生活所得的直覺，評擊佛教的蠹耗民力、有害倫理，不在教理上進行論辯，正反映出韓愈排斥佛、老，並非深知二教，而只是作爲典型理想的實踐，完全是效法孟子的言行。正因爲非出於知性的排距，後來韓愈和僧徒有所交往的事實，其中的因由亦可得而體會了。

韓愈一生追慕孟子，身行其道，排異端所以正人心，攘佛老志在彰明孔、孟仁義之道；把孔孟精神重新從佛、老交戰的混亂局面中定位，視爲自己所應負的神聖責任；於是，兩肩挑起承傳的重擔，韓愈在〈與孟尙書書〉說：

> 釋老之害過於楊、墨，韓愈之賢不及孟子，孟子不能救之於未亡之前，而韓愈乃欲全之於已壞之後，嗚呼！其亦不量其力，且見其身之危、莫之救以死也！雖然，使其道由愈而粗傳，雖滅死萬萬無恨！[31]

韓愈早預料自己的行動會惹來激烈的反應，因爲所憑依的條件比孟子遠遠不如；甚至有殺身之禍的可能，而且是孤立無援地等待著死神的降臨；但韓愈仍然秋毫不改，堅持到底，說「雖滅死萬萬無恨」，眞的到了孟子「不動心」的境界，有如孔子「朝聞道，夕死可矣」的殉道精神。因此，孟子情意結在韓愈身上已發展成一股視死如歸、勇不可當的道德勇氣；〈重答張籍書〉說：

天不欲使茲人有知乎，則吾之命不可期；如使茲人有知乎，非我其誰哉？其行動，其爲書，其化今，其傳後，必有在矣。㉜

橫亙於韓愈心胸之間的，是這股捨我其誰的壯志，是孔子「天不欲喪斯文」的自信。因爲復孟子之道，而開拓了中國文化史上的一片新的天地，《新唐書．韓愈傳》的贊語便這樣說：

其道蓋自比孟軻，以荀況、楊雄爲未淳，寧不信然？至進諫陳謀，排難卹孤，矯拂媮末，皇皇於仁義，可謂篤道君子矣！自晉汔隋，老佛顯行，聖道不斷如帶；諸儒倚天下正議，助爲怪神。愈獨喟然引聖，爭四海之惑，雖蒙訕笑，跲而復奮，始若未之信，卒大顯於時。昔孟軻拒楊墨，去孔子才二百年；愈排二家，乃去千餘歲，撥衰反正，

功與齊而力倍之，所以過況、雄爲不少矣。㉝

韓愈的明道，眞是荆棘滿途，但終以堅持不懈的努力，爲孔孟定了位；他對孟子的信仰，終始不渝；孟子的精神，一直是支持韓愈奮鬥不懈的力量泉源。

六

「修辭明道」的提出，是韓愈安身立命的寄托所在，原本不限於文學的範疇，韓愈抨擊佛教和道教的言論是最明顯的表現，而閑衞孔、孟精神，突出仁義的宗旨，是努力的方向。這一切舉措都是以孟子爲師；韓愈追慕孟子，形成特有的「孟子情意結」，言行因而充滿孟子的色彩，已經到了「尙友古人」的極至地步。韓愈以文章明道，也是出於孟子情意結。胸中只有孟子一人，在意識中自然存在一股濃厚的孤獨感；亦因爲自視爲孟子，自覺是承傳文化的承擔者，便發展出一股強勁的道德勇氣。總之，因孟子在韓愈心中結根，構成了韓愈獨特的精神世界，表現在文學作品裏，形成了萬怪惶惑的奇姿。「修辭明道」是韓愈的志，是他在「不得位」時的自我肯定；作爲韓愈古文內涵的根核，是理解韓文文體的關鍵。

【附註】

① 李漢：〈昌黎先生集序〉，見《韓昌黎文集校注》（馬其昶校注、馬茂元整理，以後引文，俱用此本）。上海：上海古籍出版社，一九八六年。頁二。

② 《舊唐書》卷一六〇〈韓愈傳〉。北京：中華書局，一九八七年。頁四一九七。

③ 《韓昌黎文集校注》卷二。頁一一三。

④ 何焯：《義門讀書記》卷三十一。北京：中華書局，一九八七年。頁五四二。

⑤ 《韓昌黎文集校注》卷二。頁一四四。

⑥ 《全唐文》卷五二七。上海：上海古籍出版社影印揚州官刻本，一九九〇年。頁二三七一。

⑦ 《全唐文》卷五一八。頁二三二九。

⑧ 同注②。

⑨ 蔣之翹輯注《唐柳河東集》卷首「讀柳集敍說」引。案：原文「梁肅補闕」誤刻為「梁浩補闕」，今引正。又見《韓愈資料彙編》。北京：中華書局，一九八三年。頁六九。

⑩ 錢基博：《韓愈志》。香港：龍門書店，一九六九年。頁二十八。

⑪ 韓愈在〈與祠部陸員外書〉中說：「往者陸相公司貢士，考文章甚詳，愈時亦幸在得中，而未知陸之得人也。其後一二年，所與及第者，皆赫然有聲，原其所以，亦由梁補闕肅、王郎中礎佐之。梁舉八人無

有失者，其餘則王皆與謀焉。陸相之考文章甚詳也，待梁與王如此不疑也；梁與王舉人如此之當也，至今以爲美談。」（《韓昌黎文集校注》卷三，頁二〇〇。）韓愈不忘梁肅，是梁肅輔陸贄時推薦之恩。而文中所特別標示的「八人」，便是所謂「龍虎榜」，見《新唐書》卷二〇三〈歐陽詹傳〉：「（詹）與韓愈、李觀、李絳、崔群、王涯、馮宿、庾承宣聯第，皆天下選，時稱龍虎榜。」（北京：中華書局。頁五七八七。）

⑫《韓昌黎文集校注》卷三。頁一六六。

⑬《禮記》卷十六〈中庸〉。臺北：新興書局影印校相臺岳氏本。頁一八三。

⑭《漢書》卷十六〈董仲舒傳〉。北京：中華書局，一九六五年。頁二五二四。

⑮王利器：《文心雕龍校証》。上海：上海古籍出版社，一九八〇年。頁二。

⑯《韓昌黎文集校注》卷三。頁二一五。

⑰《韓昌黎文集校注》卷四。頁二六一。

⑱《韓昌黎文集校注》卷三。頁一六八。

⑲⑳曾國藩：《求闕齋讀書錄》卷八。又《韓愈資料彙編》。頁一四八七。

㉑《韓愈資料彙編》。頁一五一八。

㉒《韓昌黎文集校注》卷三。頁一五五。

㉓《孟子・滕文公（上）》。《四書章句集注》。北京：中華書局，一九八三年。頁二五一。
㉔《孟子・盡心（上）》。同右本。頁三五六。
㉕㉖《孟子・滕文公（下）》。同右本。頁二七二至二七三。
㉗《韓愈資料彙編》。頁五一。
㉘見《孟子・滕文公（下）》公都子曰一節。頁二七一至二七三。
㉙《韓昌黎文集校注》卷二。頁一三二。
㉚《柳宗元集》卷二十五。北京：中華書局，一九七九年。頁六七四。
㉛《韓昌黎文集校注》卷三。頁二一五。
㉜《韓昌黎文集校注》卷二。頁一三六。
㉝《新唐書》卷一七六。頁一三三。

二、明道・貫道・載道

——三種觀念的詮釋

一

韓愈自比孟子，在不得位時「修辭明道」以淑世；這是韓愈一生的重大關節，志尙的歸宿；假如透過韓文以逆其志的話，這問題一點不可以模糊。

但經過漫長的時期，復加以不同形式的詮解，韓愈的面目亦未見得更爲清晰。而關於韓愈是否爲「文人」、會否染上風流病、或是否陽爲闢佛而實則佞佛等爭論，對深入了解韓愈的內心世界，還是沒有多大的幫助。也許，「文章千古事，得失寸心知」，劉勰在《文心雕龍・知音》已經十分感慨的開筆說：「知音其難哉！」既然「音實難知」，況且是文章呢！講論韓文，毫無例外，必涉及「道」。蘇東坡〈潮州韓文公廟碑〉說的「文起八代之衰，道濟天下之溺」二句，最爲人熟知的了。「文」，「道」並提，本來是至正確的，因爲「修辭明道」是韓文體現出來的韓志，是韓文的根本；在韓文的範疇內，沒有其他觀念更爲重要。然而，韓愈自己所提出的「修辭明道」，却長期不爲韓文研究者所用，而代之以「文以明道」、「文以貫道」、「文以載道」諸詞目，並且嘵嘵不休地利用這些觀念詮解韓文的內涵，乃至於綜論中國文學的命脈；在沒有充份探索這些詞目的原來用意的情況下，各自以己意注附在這些詞目裏，然後施以褒揚或貶抑；相對於韓文在中國文化史上的重要地位，這種任心揚榷的情況實太不相稱了。因此，無論就韓文的研究說，或就中國文學評論史講，這三個詞目都必須細察其原始內涵，以確定其是否足以代替韓愈自取的「修辭明道」，研究其是否與韓愈的理想的孟子典型相應。作爲基本概念的探索和澄清，徵實的工夫便不可能避免的了。以下分別討論「文以明道」、「文以貫道」和「文以載道」三詞的指實。

二

「文以明道」一詞爲柳宗元首先提出，見〈答韋中立論師道書〉：

始吾幼且少，爲文章，以辭爲工。及長，乃知文者以明道，是固不苟爲炳炳烺烺、務彩色、夸聲音而以爲能也。①

柳宗元視之爲改絃易轍之後的撰作方向，可見「文以明道」的體悟實在是柳宗元文學生命的至重要轉捩點，從此擺脫「以辭爲工」的幼稚病，對文章的功能作更深入的反思；這種由外而回歸於內的徹悟，柳宗元從古代聖人的經典之中尋得體認的基礎，〈報崔黯秀才論爲文書〉便從道的內外兩方面闡釋明道的意義：

> 然聖人之言，期以明道，學者務求諸道而遺其辭。辭之傳於世者，必由於書。道假辭而明，辭假書而傳，要之，之道而已耳。道之及，及乎物而已耳。斯取道之內者也。今世因貴辭而矜書，粉澤以爲工，遒密以爲能，不亦外乎！②

文辭所以「之道」，「之道」所以「及物」，這就是古代聖人「明道」的根本；怎樣「及物」才能體現明道的旨趣呢？柳宗元在〈楊評事文集後序〉提出兩大原則：

> 文之用，辭令褒貶，導揚諷諭而已。③

根據不同的文章體式，便有相應的方法來表現「及乎物」的文用。「著述」的體裁用辭令褒貶；「比興」的抒情體裁則透過導揚諷諭來實踐其自具的功能。至於那些惟以文辭爲工，不能及物明道的作品，柳宗元批評說：

夫爲一書，務富文采，不顧事實，而益之以誣怪，張之以闊誕，以炳然誘後生，而終之以僻，是猶用文錦覆陷穽也。④

這些作品惟以工巧文辭取悅年輕的讀者，誤導後學走向道之外，實際上是誘誤著生後輩的陷穽。從這類激烈的批評以及寫作宗旨的自剖內容兩方面看，都反映了柳宗元「文以明道」的主張，具有強烈的針對性質；所抨擊和摒棄的，是尙辭矯飾、虛浮不實的文風；他自己曾走過這條路，後來的省悟，才重新踏上歸途，朝著「明道」的方向，充實自己的文學生命。但柳宗元「文以明道」的性質，和韓愈「修辭明道」不同。韓愈以「修辭明道」爲自己不得位時以孟子之道安身立命，是在年幼時已經訂下的人生旨趣。而柳宗元的「明道」觀，只集中於文章和道的表裏關係，與柳冕、梁肅等古文先驅的文道意識更爲合拍，並未提昇到與自己生命相結合的程度。因此，同講「明道」，韓、柳是有分別的。

〈答韋中立論師道書〉說到「及長」才徹悟前非，始知文以明道。在柳宗元來說，是一次至爲重要的轉變，亦是他的作品能夠與韓愈並駕的大前提。章士釗《柳文指要》「通要之部」講「柳志」，對這一轉變一語不及，實令人費解。「及長」只是模糊的概念，未指出具體的時間，但柳宗元在〈與楊京兆憑書〉却透露了端倪：

> 宗元自小學爲文章，中間幸聯得甲乙科第；至尚書郎，專百官章奏，然未能究知爲文之道。自貶官來無事，讀百家書，上下馳騁，乃少得知文章利病。⑤

「貶官」的事發生於順宗貞元二十一年（公元八零五年）八月，柳宗文坐王淑文罪被黜，九月貶爲邵州刺史，十一月加貶永州司馬，時柳宗元三十二歲。這一次的打擊對柳宗元造成莫大的刺激，《舊唐書・柳宗元傳》載：

> 既罹竄逐，涉履蠻瘴，崎嶇堙厄，蘊騷人之鬱悼，寫情敍事，動必以文，爲騷文十數篇，覽者爲之悽惻。⑥

因仕途上的嚴重摧折而換來這種至爲悽怨的騷文，眞可謂蚌病成珠；韓愈在〈柳子厚墓誌銘〉便十分沉痛地說：

> 然子厚斥不久，窮不極，雖有出於人，其文學辭章，必不能自力以致必傳於後如今，無疑也。雖使子厚得所願，爲將相於一時；以彼易此，孰得孰失，必有能辨之者。⑦

經歷過這場鉅變後，人生觀改變了，連帶對於文章的撰作態度和旨趣，也產生了徹底的覺悟。「文以明道」的認識，可說是柳宗元被斥逐的結果。

袁枚在〈答友人論文第二書〉中譏評「明道」的觀念，說是文人學士有所挾持，以表現身份、占地步的習氣和門面語。⑧這種批評，對韓、柳都是不公平的。韓愈講明道，是他一生安身立命所在，柳宗元標舉明道，是遭受一連串打擊之後的體認；兩者都是失位失志的產物，以痛苦的代價換取得來。袁枚肆意的批評，實未曾深入體會韓、柳的用心；雖然或存在時代的針對性質，但拿來抨擊韓、柳，使覺輕率了。

三

以「貫道」一詞論韓文，始於李漢。李漢在〈昌黎先生集序〉的起筆說：

文者貫道之器也。不深於斯道，有至焉者不也？⑨

李漢一手編定韓集，是韓愈門生兼女婿，自謂「最厚且親」⑩；基於這種關係，李漢的〈序〉每視爲論韓文的權威制斷，尤以近世爲然，且舉犖犖大者，如胡時先〈昌黎古文之眞義〉一文說：

李漢氏以貫道之義序韓文，斯眞得昌黎之心傳也！⑪

周祖譔《隋唐五代文論選》於李漢的條目說：

提出「文者，貫道之器也」，可視爲韓愈創作總結性之斷語。⑫

而韓廷一《韓昌黎思想研究》更以頌揚的語氣褒舉李漢這句話，韓氏說：

關於昌黎先生「文以載道」的眞諦，了解得最爲透徹的，該是他的女婿兼門生李漢了。……李漢這篇序，最得昌黎「文者貫道之器」的心意，他老人家要是在生前讀到這篇序的話，他一定深受感動的說：「生我者父母，鞠我者嫂氏，知我者李漢也。」⑬

這種種的肯定意見，固然存在自己的理由；但若肯定不爽說是韓文的「眞諦」、「心傳」、「總結」，看來還有値得商榷的地方。

「貫」有通串之義，本屬會意字，上毌字爲原型，下貝字是後起附加指意符號。就詞源說，把「道」和「貫」字相提並論的，可遠溯於先秦。《論語》載孔子語「吾道一以貫之」⑭，是貫道的先河。隋代王通《中說．天地》亦以之論學術的態度：

學者博誦云乎哉！必也貫乎道。文者苟作云乎哉！必也濟乎義。⑮

具體而論，孔子以忠恕貫道，道是所貫的對象；而王通以道貫於所學，學是對象。和孔子以道爲歸的觀點分別很大。從這方面講，尊孔慕孟、修辭明道的韓愈，一字不提王通，其中的緣由，可以得到合理的解釋。

至於李漢所說的「文者貫道之器」，以道爲所貫的對象，這方面，不違孔子。但問題在以甚麼東西貫道。李漢以「文」貫道，又視「文」爲「器」，是否合於孔、孟之道呢？從兩方面詳爲分析。

第一，先論「器」的問題。「器」在儒家觀念裏，份次不高；〈易繫辭〉說「形而上者謂之道，形而下者謂之器」⑯，道爲本，器爲末，上下二字已見軒輕。李漢以文爲器，而貫形上之道，已不是儒家所許。而且，孔子曾說「君子不器」⑰，韓愈〈答李翊書〉亦說：

待用於世者，其肖於器邪？⑱

也是化「君子不器」的觀念。韓愈一生至重視文章，若視文章爲「器」，恐怕不是韓愈所能接受。

第二，就文、道的關係說；以文貫道就是以文爲道的核心。朱熹門下有陳文蔚者，很欣賞李漢〈序〉頭一句話，說：

韓文李漢〈序〉頭一句甚好。⑲

不過，朱子並不同意陳文蔚的看法，《朱子語類》記載了這段師生的對話：

（朱）曰：「公道好，某看來有病。」陳曰：「『文者貫道之器』，且如《六經》是文，其中所道皆是這個道理，如何有病？」曰：「不然。這文皆是從道中流出，豈有文反能貫道之理？文是文，道是道；文只如喫飯時下飯耳。若以文貫道，却是把本爲末。以末爲本，可乎？其後作文者皆是如此。」⑳

文從道中流出，實含至理。先文後道，是李漢惹人垢病的地方。叩這兩端言，李漢的命題實存在一些問題，未徹底澄清前便貿然推崇，未必盡合韓文旨趣。而李漢棄「明道」不用，生造「文者貫道之器」一詞，實有巧立名目之嫌，可謂得韓愈之奇而不得其正。清人汪琬〈答陳靄公論文書〉起筆說：

嘗聞儒者之言曰：「文者載道之器。」㉑

引用李漢的〈序〉語，却誤憶貫道爲載道。但「載道」又是否更適宜於論韓文呢？

四

以「文以載道」一詞論韓文，經已習以爲常；若就字詞的衍義說，亦無可厚非，因爲說者自有一套理解的標準；但溯其本義，以復眞身，以作爲一項準確的學術詞彙，還是有深究其辭的內涵的必要。

「載道」一語源自先秦道家。《莊子・天運》說：

道，可載而與之俱。㉒

〈則陽〉說：

道，物之極，言、默不足以載。㉓

〈天運〉講的是體道的必然經歷，其過程必須摒棄一切心思智慮的活動，以純粹的精神空間直接體驗和容納「道」的存在。這是一種只可意會，而不可言詮的精神境界，〈則陽〉「言、默不足以載」指這種體驗。簡單說，那種心神與道相結合的心境和感覺稱之爲「載」，亦即是《老子》第十章所說：

載營魄抱一，能無離乎？㉔

營魄指人的心神，抱一指道的自身。心神與道相融不離，所以說「載」。帛書《老子》乙本書載作戴，是字的通叚；但唐玄宗把載改讀爲「哉」而屬諸上句，便是不解「載」義。載道原爲《莊》《老》用以描述「體道」的專用語，周策縱教授謂載和道存在天然的關係㉕，進一步闡明這術語的特質。

提出「文以載道」論文章的，始於宋儒周敦頤。運用這個詞亦可見周敦頤與道家思想有深厚的淵源。周敦頤在所著《通書》之中，特闢「文辭」一章論「文以載道」這命題：

文，所以載道也。輪轅飾而人弗庸，徒飾也；況虛車乎！文辭，藝也；道德，實也。

篤其實，而藝者書之，美則愛，愛則傳焉。賢者得以學而至之，是爲教。故曰：「言之無文，行之不遠。」然不賢者，雖父兄臨之，師保勉之，不學也；強之，不從也。不知務道德，而第以文辭爲能者，藝焉而已。噫！弊也久矣。㉖

周敦頤所說的道，指個人操守的道德。他視道德爲文章的根本，而文章只屬於技藝一類的東西。所謂文以載道，是主張文章專記道德；這類紀德之文如果寫得出色，有文采，便可受人欣賞而得以傳遠，發揮潛移默化的教化作用，令本性賢良的人得以至於至善的道德境界；當然，本性不肖的，怎樣強逼也不會轉變氣質，文章也不能夠在不賢者身上產生影響力。因此，在周敦頤的心目中，文只是紀德和陶冶的工具；他關心的，是個人的道德修養。朱熹看透這意思，解釋說：

學者先務，亦勉於德而已矣。㉗

這種尊德輕文的主張，流衍而成爲程朱理學的基本文學觀點。

事實上，周敦頤是言行相稱的。黃庭堅有〈濂溪辭〉，盛稱周敦頤操守，文謂：

濂溪先生胸懷灑落，如光風霽月。廉于取名而銳于求志，薄于徼福而厚于得民，菲于奉名而燕及煢嫠，陋于希世而尙友千古。㉘

這種灑落高潔的情操，在廣爲後人傳誦的〈愛蓮說〉一文得到反映；而現存三十多首詩，亦多抒發遠俗自潔的情懷。所謂「行有餘力，則以學文」㉙，周敦頤於「文以載道」的主張身體力行，在自己的作品裏紀載了那令人感動的光風霽月一般晶瑩的持操道德。「載道」淵源於《莊》《老》，但「文」和車載之間的連繫，意識來自〈易傳〉。〈說卦〉載：

坤爲地，……爲大輿，爲文。㉚

「大輿」即大車，與文俱爲坤卦的象；〈象傳〉又說：

地勢坤，君子以厚德載物。㉛

很明顯，周敦頤的「文以載道」說實發揮《易》坤卦的象。《通書》闡揚《易》太極之理，「文以載道」可說是周敦頤《易》學的組成部份。脫離《周易》講「文以載道」，是不完全的。後人論述這個問題，每每忽視其與《易》義的不可分割關係，也就形成各騰私說的情況了。若就「文以載道」的整體思想淵源論，可見是《周易》和道家的結合。從這一點上，已足洞見宋代道學的精神特質。

「文以載道」論至重視作者的道德修養，假如拿來論韓文的話，至少亦必先審視韓愈的爲人，能否平齊周敦頤那晶瑩的光風霽月的境界。且看張籍的〈上韓昌黎書〉，數責了韓愈有失中道的三種行徑。第一，是「尚駁雜無實之說」，而且，「每見其說，亦拊抃呼笑」，每每樂極忘形；第二，是好勝心強，「不容人之短」，與人爭論，常至臉紅耳赤，「不能下氣」；第三，是「爲博塞之戲，與人競財」。㉜這都是張籍所親見的事實，並非厚誣韓愈。柳宗元在〈答韋中立論師道書〉亦說到韓愈「抗顏爲師」，一點也不謙虛，「以是得狂名」㉝；而當時韓愈的政敵，亦以韓愈狂狷爲藉口加以打擊㉞，素不喜韓愈的《舊唐書》編者，更批評韓愈「恃才肆意」。㉟當然，這種種抨擊亦並非空穴來風的。從道學家的標準看，「文以載道」實非爲韓愈輩說法。不過，正因爲「狂」的態度，韓文才顯出那不可及的恢宏氣度。反之，「文以載道」論的持正拘謹，氣象自然遠遠不逮。黃季剛力斥「文以載道」論「

狹隘」㊱，撇開他那主駢抑散的爭端，以之描述周敦頤的主張，却是一語中的。而「文以載道」一詞之不能用於韓愈身上，至此亦不辯而自明了。

從徵實的角度講，以「文以載道」論韓文，可以說是不倫的說法。至於推衍「載道」的作風，視之爲與「言志」並軌發展的中國文學思想大傳統㊲，說者自然有自身的理路，而所用的「載道」，只可以視爲一種後出衍義，和周敦頤的說法存在本質上的差異。但以之論古文，始終產生杆格的結果，雖博洽如紀昀，亦不能夠順利解開紛結，《四庫全書·陳祖范司業詩集提要》便是一典型例子，文謂：

> 文以載道，理不可移。而宋儒諸語錄，言言誠敬，字字性天，卒不能與韓、柳、歐、蘇爭文壇尺寸之地；則文質相宜，亦必有道矣。㊳

紀昀向來不滿道學，但却視道學家的「文以載道」說爲文章極則。殊不知那些「言言誠敬，字字性天」的文字，方才是載道之文。而這些道學家語錄之所以不能與韓、柳、歐、蘇的作品爭得些微席位，歸根究底，就是因爲「載道」。古文家講的「明道」，和道學家說的「載道」，取徑各有不同㊴，成就自然大異。紀昀必以「文以載道」爲準繩㊵，自然沒有辦法疏理韓、柳古文和道學家語錄文的基本分野了。

五

柳宗元因斥逐而了悟文章重內容的旨趣，是爲「文以明道」；李漢欲自鑄偉詞以論韓文，畫虎不成反類狗，是爲「文以貫道」；周敦頤融匯《易》教和《莊》《老》思想，將文辭規範於載德而以世道人心爲重的圈囿裏，是爲「文以載道」。三者各有指歸，取徑和韓愈以孟子之道爲歸宿的「修辭明道」完全不同。因此，若就創辭的本來意義說，各歸原主，不相混厠，便是最理想的了。

【附註】

① 《柳宗元集》卷三十四。北京：中華書局，一九七九年。頁八七一。

② 《柳宗元集》卷三十四。頁八八六。

③ 《柳宗元集》卷二十一。頁五七八。

④ 《柳宗元集》卷三十一。頁八二五。

⑤ 《柳宗元集》卷三十。頁七八九。

⑥《舊唐書》卷一六〇《柳宗元傳》。北京：中華書局，一九八七年。頁四二一四。

⑦《韓昌黎文集校注》卷七。上海：上海古籍出版社，一九八六年。頁五一三。

⑧袁枚〈答友人論文第二書〉說：「三代後聖人不生，文之與道離也久矣。然文人學士必有所挾持以占地步，故一則曰明道，再則曰明道，眞是文章家習氣如此。而推究作者之心，都是道其所道，未必果文王、周公、孔子之道也。夫道若大路然，亦非待文章而後明者也。仁義之人，其言藹如，則又不求合而合者。若矜矜然認門面語爲眞諦，而時時作學究塾師之狀，則持論必庸，而下筆多滯，將終其身得人之得，而不自得其得矣。」(《中國歷代文論選》。上海：上海古籍出版社，一九八〇年。第三册頁四六四。)

⑨⑩《韓昌黎文集校注》。頁一。

⑪胡時先：〈昌黎古文之眞義〉，《國文月刊》第七十六期，一九四九年。頁二十。

⑫周祖譔(編)：《隋唐五代文論選》。北京：人民文學出版社，一九九〇年。頁二九一。

⑬韓廷一：《韓昌黎思想研究》。臺北：商務印書館，一九八二年。頁九十五。

⑭《論語・里仁》：「子曰：『參乎！吾道一以貫之。』曾子曰：『唯。』子出，門人問曰：『何謂也？』曾子曰：『夫子之道，忠恕而已矣。』」(《四書章句集注》。北京：中華書局，一九八三年。頁七十二。)

⑮王通：《文中子中說・天地》。上海：上海古籍出版社影印阮逸注本，一九八九年。頁八。

⑯《易・繫辭（上）》。孔穎達：《周易正義》卷七。臺北：藝文印書館影印阮元十三經注疏本，一九七六年。頁一五八。

⑰《論語・爲政》，《四書章句集注》。頁五十七。

⑱《韓昌黎文集校注》卷三。頁一七一。

⑲⑳《朱子語類》卷一三九。北京：中華書局，一九八六年。頁三三〇五。

㉑《堯峰文鈔》卷三十二。又見《中國歷代文論選》。第三冊頁三二一。

㉒《莊子・天運》：「樂也者，始於懼，懼故祟；吾又次之以怠，怠故遁；卒之以惑，惑故愚；愚故道；道，可載而與之俱也。」（王先謙：《莊子集解》卷四。北京：中華書局，一九八七年。頁一二五。）莊子假設黃帝奏演〈咸池〉之樂，以樂聲去除一切智慮活動，於是和道相融無間。

㉓《莊子集解》卷七。頁二三六。

㉔《老子》這句話，朱謙之的《老子校釋》刪去這一章所有「乎」字（北京：中華書局，一九八四年。頁三十七。），錢鍾書在《管錐篇》裏大張撻伐，沒有點名評論朱氏說：「偶覩其撰著，如第一〇章云『載營魄抱一，能無離？專氣致柔，能嬰兒？滌除玄覽，能無疵？愛人治國，能無爲？天門開闔，能爲雌？明白四達，能無知？』吾之惑滋甚。六句依文求義，皆屬陳敘口吻，乃標點作詰問語氣，中逗之而末加『？』號焉。何緣得意忘言如此？豈別有枕膝獨傳、夜半密授乎？既而恍悟：河上公本與碑本無異，唯

王弼本六句末皆著『乎』字爲詰質語，問號之加，職是之由。是貌從碑本而實據王本，潛取王本之文以成碑本之義。」（北京：中華書局，一九七九年。頁四〇三。）錢鍾書對朱謙之刪去「乎」字而又加「?」的質疑是有道理的，但視朱氏爲「海外盲儒」，頗似刻薄。二人共事於科學院，或其中存個人因素，亦未可知。事實上，馬王堆漢墓帛書《老子》甲、乙本都有乎字，此「乎」字絕不能刪翦的。

㉕ 周策縱：〈文道探源（中國古代對文、道及其關係的看法）〉，載《古典文獻研究》。南京：南京大學出版社，一九八九年。頁二六〇。

㉖ 《周敦頤集》卷二。北京：中華書局，一九九〇年。頁三十四。

㉗ 朱子解同見右注㉖。

㉘ 《宋元學案》卷十二「濂溪學案（下）」引。北京：中華書局，一九八六年。頁五二〇。

㉙ 《論語・學而》：「子曰：『弟子入則孝，出則弟，謹而信，汎愛衆而親仁。行有餘力，則以學文。』」（《四書章句集注》。頁四十九。）

㉚ 《周易正義》卷九。頁一八五。

㉛ 《周易正義》卷一。頁十八。

㉜ 《韓昌黎文集校注》卷二〈答張籍書〉注引。頁一三一。

㉝ 《柳宗元集》卷三十四。頁八七一。

㉞《舊唐書》卷一六〇〈韓愈傳〉載：「皇甫鎛惡愈狷直，恐其復用，率先對曰：『愈終太狂疏，且可量移一郡。』乃授袁州刺史。」（頁四二〇二）

㉟同右書，頁四二〇四。

㊱黃侃《文心雕龍札記・原道》謂：「《序志篇》云：『《文心》之作也，本乎道。』案彥和之意，以爲文章本由自然生，故篇中數言自然，一則曰：『心生而言立，言立而文明，自然之道也。』再則曰：『夫豈外飾，蓋自然耳。』三則曰：『誰其尸之，亦神理而已。』尋繹其旨，甚爲平易。蓋人有思心，卽有言語，旣有言語，卽有文章，言語以表思心，文章以代語言，惟聖人爲能盡文之妙，所謂道者，如此而已。此與後世言『文以載道』者截然不同。……案《莊》《韓》之言道，猶言萬物之所由然。文章之成，亦由自然，故韓子又言『聖人得以成文章』。韓子之言，正彥和所祖也。道者，玄名也，非著名也，玄名故通於萬理。而《莊子》且言『道在矢溺』。今日『文以載道』，則未知所載者卽此萬物之所由然乎？抑別有所謂一家之道乎？如前之說，本文章之公理，無庸標揭以自殊於人；如後之說，則亦道其所道而已，文章之事，不如此狹隘也。夫堪輿之內，號物之數曰萬，其條理紛紜，人鬢蠶絲，猶將不足仿佛，今置一理以爲道，而曰文非此不可作，非獨昧於語言之本，其亦膠滯而罕通矣。察其表則爲諛言，察其裏初無勝義，使文章之事，愈痟愈削，寖成爲一種枯槁之形，而世之爲文者，亦不復撢究學術，研尋眞知，而惟此窾言之尚，然則階之厲者，非『文以載道』之說而又誰乎？」（典文出版社印本，頁三

至四。）黃季剛這段憤激的文字置於《札記》之首，實針對淸代桐城古文的枯槁而發，而季剛先生向主駢體，亦藉此向散體宣戰。其中雖有過激的話，但說「載道」的言論造成「枯槁」的文體，却是眞知灼見。

㊲ 如周策縱〈文道探原〉起筆便說：「很多世紀以來，『文以載道』是對於大多數中國文人的一條佔統治地位的指導原則，它尤其對許多中國作家的頭腦施加了巨大的影響。在中國文學思想中，除了『詩言志』說以外，沒有任何批評原則能像它一樣贏得如此的尊重，留下如此不可磨滅的痕迹。」（《古典文獻研究》。頁二三三。）這是一段很用心思的起筆，但「文以載道」是指導原則，抑或是批評原則，觀念似乎含糊。

㊳ 《四庫全書總目》卷一八五。北京：中華書局影印文瀾閣本，一九八一年。頁一六七六。

㊴ 郭紹虞《中國文學批評史》第三十節分析說：「那麼，文道合一，是不是和後來道學家的見解相一致呢？不。道學家批評韓愈是因文而及道，所謂因文而及道，是說古文家的目標在學文，學文既久，則才於道也有所得。而道學家的目標就在求道，於道有得，則得魚忘筌，也就不重在文。所以第一步，著手之處就不一樣。再有，「爲文」的作用，在道學家看來是載道，在古文家說來是明道。載道則文是道的工具，明道則文是道所流露。就是說，目標還重在作文，不過不作言之無物的文而作學道有得之文罷了，不作輕薄之文而作言行相顧之文罷了。」（香港：宏智書局。頁一一四至一一五。）胡時先〈昌黎古文之眞

義〉亟辯「載道」說的局限，却以「文以貫道」的觀念說韓文，又據以斥郭紹虞偏蔽於「貫道」（《國文月刊》七十六期，頁二十一），但胡氏的說法亦未可謂深造有得。

㊵ 紀昀於《文心雕龍・原道》眉批說：「文以載道，明其當然；文原於道，明其本然。識其本乃不逐其末；首揭文體之尊，所以截斷衆流。」（黃叔琳：《文心雕龍輯注》卷一。香港：中華書局，一九七三年。頁一。）「明其當然」即勢必如此的意思，和《四庫提要》的「理不可移」沒有分別。紀昀門生盛時彥在〈《閱微草堂筆記》序〉中暢論「文以載道」的意義，實推揚本師的論旨。

三、道的本質和承傳

——辨韓愈的傳道觀和程朱道統論的分野

一

「韓愈建立道統」的說法，已習見於韓文研究的論著，和「文以載道」一詞，同樣成為討論韓文的重要條目。

韓愈在〈原道〉中提到自堯、舜、禹、湯、文王、武王、周公、孔子以至孟子的「斯道之傳」，後來讀者用「道統」一詞加以概括。以簡馭繁，於處理頭緒萬端的學術問題，本來是無可厚非的。問題在「道統」一詞，在程朱理學系統之中，具有特殊的內涵和意義；雖然在創詞的時候，〈原道〉的影子顯然易見，但精神實質已經和〈原道〉全不相同。對兩者未作充份的剖析，而單憑直覺，運用「道統」論韓愈，極端些的，便會得出韓愈受禪宗濡染的「天竺為體，華夏為用」的結論①；而一般人則以為韓愈搬弄古代聖人，藉以自我標榜。當然，不同的看法是容許的，不能強求一律，但這只是對「衍義」而說；若探求事實或眞相，則徵實的態度和工夫更爲重要。如果視「道統」爲韓愈眞實的一面，對這個詞的理解便絕不能含混；那麼，「道統」的來龍去脈，其創詞的本來意義，都須要深入的研究。而〈原道〉所提的「斯道之傳」，亦必須探得其實在的內涵。這樣，才能確定「道統」一詞是否可以拿來討論韓文。沒有這步工夫，便只落得隨意說法，各道所道而已，對於深入了解韓愈的文心，實沒有多大的幫助，反令得韓愈的面目更爲模糊罷了。

本文所作的探索，得出的結論未必完全準確，但都是本於徵實的態度，實事求是的從材料出發加以歸納分析；對這用之已久的觀念作全盤的審視，只是出之以求眞的熱誠，並不存在否定時賢努力的狂妄。不過，學界如果更能審愼地運用這些學術詞彙，自然最理想不過了。

二

韓愈在〈原道〉裏，揭示了心目中那上下詳和的理想圖景：所有人都是生活在「相生養」的環境，一片平和安祥；原文說：

夫所謂先王之教者，何也？博愛之謂仁，行而宜之之謂義，由是而之焉之謂道，足乎己無待於外之謂德。其文《詩》《書》《易》《春秋》，其法禮樂刑政，其民士農工賈，其位君臣父子師友賓主昆弟夫婦，其服麻絲，其居宮室，其食粟米果蔬魚肉：其爲道易明，而其爲教易行也。是故以之爲己，則順而祥；以之爲人，則愛而公；以之爲心，則和而平；以之爲天下國家，無所處而不當。是故生則得其情，死則盡其常，郊焉而天神假，廟焉而人鬼饗。②

韓愈所以不憚其煩地縷舉這「先王之教」，目的在暢述「道」的目的指向。「道」與「迪」、「到」、「達」、「抵」等字，聲近義通，表示從此至彼的行動的意思；韓愈所說「由是而之焉之謂道」，之焉的之作去、至解，把道理解爲一種具備功能作用的活動，是深中道字的本義，韓愈確實是「識字」的。③道本來指向某方向或目的進發的活動，它本身不具備意義；走路本身又那有內容和意義可說呢？所以韓愈說「道與德爲虛位」，德是道的表現；簡單說，道是走路的動作，德是動作所表現出來的姿態；我們不會爲走路而走路，因爲走路不是目的，本身不存在內容，所以用「虛」字擬狀其特色。〈原道〉一起筆，先介定仁、義、道、德的指謂，以仁、義爲先，道、德爲後，一反慣例的先道德後仁義的提法，實在是一種卓識。以仁、義爲始，就是視之爲邁向先王治世的理想目標的第一步；這一步絕不能出岔子，否則差之毫釐而謬之千里。韓愈心裏想的，完全可以在《孟子》裏尋得根源。孟子「道性善，言必稱堯舜」，「道性善」是第一步的至重要工夫，以後的修、齊、治、平莫不從以性善爲依歸的仁、義爲起步點；堯、舜以此而實現了治的局面，因而被視爲統治者所應效法的典則；這些聖人的統治成爲至高的理想政治境界；所以說「道性善」而「稱堯舜」，是由此而至彼的兩端，前者爲起步點，後者乃目標。爲了實現大治的理想，必須要跨出第一步；這一步便是仁、義；說「仁與義爲定名」，「定」字揭示了仁、道的定位指向的作用，而道之所以介定爲「由是而之」，就是從仁、義出發以往的意思。

〈原道〉的「原」字，具有追尋的意思。尋究那實現治世理想的起步原點，便是原道。「道」本身不是內容和對象，只是由此至彼的過程；所以，韓愈探究的，不是道的本身。很多人不明白這一層的意義，企圖說明「道」的內容，但終得不著要領，便是這個原因。在前引〈原道〉所敍先王之教的一段文字裏，那「其文」至於「其食」這七排句，是指明「道」的方向；而緊接所述的四組「以之」句，揭示目標。這目標，便是「由是而之」的道的歸宿。以仁、義出發，建立了一個「相生養」的祥和政治；這一方向和目標，是堯、舜、禹以至於周公、孔子等古代聖人所努力奮鬥的經驗總結，因此，稱這行動爲「聖人之道」；孔子集古人大成，以是孔子所歸納的經驗爲「孔道」，〈進學解〉所說的「孟軻好辯，孔道以明」，正指這種聖人之道。「聖人之道」的關鍵是聖人的用心，而不是「道」的本身，所以〈原道〉特別提出「心治」的觀念。這「心治」也就是「道」的第一步。而以仁、義爲心的用意恢復前昔的盛世的觀念，其工夫亦全從《孟子》得來；那上下相生養的境界，亦不外是將孟子的「勞心者治人，勞力者治於人」的說法加以正面的詮解而已。因而，一旦論及〈原道〉的道旨，自必須與孟子相提並論；事實上，韓愈討論這問題，只是「修辭明道」的表現罷了。由於這種淑世念頭太切，這表面上像客觀冷靜地分析說明問題的文章，亦透露了一股非常熱烈的情感色彩，說是一篇「明志」的文章，亦不爲過。

三

道的本身不帶內容，所以是「中性」的。不過，因方向和目標的不同，便產生不同的道。韓愈在〈原道〉所追尋的，是聖人所行的道，這是以仁、義的心治爲起點，相生養的治世爲鵠的一套修、齊、治、平的工夫。這套工夫，或者以「道」的意義說，爲一行程，乃是原生於中土，不假外求的治世經驗的延續。〈原道〉說：

曰：斯道也，何道也？曰：斯吾所謂道也，非向所謂老與佛之道也。堯以是傳之舜，舜以是傳之湯，湯以是傳之文、武、周公，文、武、周公傳之孔子，孔子傳之孟軻，軻之死，不得其傳焉。荀與楊也，擇焉而不精，語焉而不詳。由周公而上，上而爲君，故其事行；由周公而下，下而爲臣，故其說長。④

這一系列便是發源於中土遠古時代一脈相承的治道的傳遞。陳寅恪先生〈論韓愈〉以爲是「由《孟子》卒章所啓發」⑤，此專就「傳」字的淵源說。《孟子》最後一章這樣說：

> 由堯舜至於湯，五百有餘歲，若禹、皋陶，則**見而知之**；若湯，則**聞而知之**。由湯至於文王，五百有餘歲，若伊尹、萊朱則見而知之；若文王，則聞而知之。由文王至於孔子，五百有餘歲，若太公望、散宜生，則見而知之；若孔子，則聞而知之。由孔子而來至於今，百有餘歲，去聖人之世，若此其未遠也；近聖人之居，若此其甚也，然而無有乎爾，則亦無有乎爾。⑥

道的承傳，不出兩途：處於同一時代，便「見而知之」；遠隔數百年的，則「聞而知之」。「傳」字包含了見知和聞知，無論是得諸見或聞，都因爲「知」這種心性活動而體現「傳」

的承上啓下的過程和意義。《孟子・離婁》提到周公的「思兼三王」說：

禹惡旨酒而好善言；湯執中，立賢無方；文王視民如傷，望道而未之見；武王不泄邇，不忘遠；周公思兼三王，以施四事；其有不合者，仰而思之，夜以繼日；幸而得之，坐以待旦。⑦

所敍周公「思兼三王」的憂勤惕厲的動態，神情至爲逼肖，可以說是「知」的至具體描狀。《孟子・滕文公》載孟子綜堯舜至於當世，治亂相續，堯、舜、文王、武王、周公、孔子都是戡亂成治，所謂「昔者禹抑洪水而天下平，周公兼夷狄驅猛獸而百姓寧，孔子成《春秋》而亂臣賊子懼」⑧，而孟子則自言「以承三聖」，所以距楊、墨之道，都是出於「懼」：

楊、墨之道不息，孔子之道不著，是邪說誣民，充塞仁義也。仁義充塞，則率獸食人；人將相食，吾爲此懼。⑨

周公「思兼三王」，孟子「以承三聖」，無不表現一種非比尋常的憂懼精神；這種對時代的問題而產生的愍惻，便是「知」的實質狀態；於「一治一亂」的脈衝式歷史發展模式之中，爲實現治世的原動力，亦即是「道」所邁出的至重要一步。韓愈在〈原道〉裏提出《孟子》這套道的承傳系統，是和他對「道」的理解血脈相連的。在系統裏面的古代聖人，都是始於憂懼，而終以致治，也就是「道」的原點和目標。而這兩端，便是衡量其人是否道之所傳所托的標準。有了這套標準，宋人所提出的「道統」繼承人物的紛擾，亦得以迎刃而解了。

韓愈既然以孟子自比，〈與孟尙書書〉中很豪情地說自己粗傳其道；而韓愈是否足以承傳這聖人之道的問題，任心的抑揚均不足以解決，但量之以前述的準繩，便可以得到一個比較客觀的答案。

先審視那以仁、義爲心的原點，看韓愈是否具備憂世懼時的愍惻情懷。韓愈在〈與鳳翔刑尙書書〉曾自稱：

> 前古之興亡未嘗不經於心也，當世之得失未嘗不留於意也。⑩

韓愈至關懷當前的種種民瘼困弊，古代興亡的軌迹莫不與民間疾苦相關連；究心於前世盛衰的根源，都是一種熱切的行道用世的理想的表現。貞元十九年，關中大饑旱⑪，時膺任監察御史的韓愈，舉狀痛陳長安百姓的苦厄，乞請唐室「倍加憂恤」⑫，「請寬民徭役，而免田租」⑬，以求稍減百姓的負擔，渡過這艱難的時刻。韓愈因爲這篇切直的〈論天旱人饑狀〉，引來統治者的不悅，於是「專政者惡之，出爲連州陽山令」。⑭這種爲民請命的精神，從其他論時政的表狀如〈錢重物輕狀〉、〈論變鹽法事宜狀〉，都足以體現出來。對民生的深切關懷，〈原道〉之中亦見一斑：

古之爲民者四，今之爲民者六；古之教者處其一，今之教者處其三。農之家一，而食粟之家六；工之家一，而用器之家六；賈之家一，而資焉之家六，奈之何民不窮且盜也！⑮

以極爲沈痛的語氣，揭示了社會結構的丕變，給百姓造成沈重的負擔，類似於災難性質的影響。這種種從大處著眼的爲民請命的言論，都表現了韓愈對當世的憂懼情懷，並不下於孟子。在〈原道〉中津津樂道的相生養的社會，無異於一個理想的治世圖景。就這兩端而言，韓愈的確體現了孟子所述的聖人之道的精神；他有意識的承繼孟子，從道的方面說，是無可疑問的。陳寅恪先生認爲韓愈以道自任的精神是「天竺爲體」，恐怕只是比附禪者影迹而未了察精神實質。李漢〈昌黎先生集序〉謂：

洞視萬古，愍惻當世，遂大極頹風，教人自爲。⑯

這種「愍惻當世」的情愫，方才是韓愈肩負堯、舜以至孟子的道的原動力。

四

「道統」一詞，原非韓愈所提出；即使後來承繼韓文的歐陽修，曾著〈正統論〉三篇，但只是論史學的正朔觀念，不及文章，亦和韓愈無所關涉。直至南宋初年與朱熹同時的李元綱，著一本《聖門事業圖》闡釋道學的基本觀念，裏面共十一圖，第一圖題爲「傳道正統」，是全書的總綱；餘下十圖分別表解「大本達道」、「進脩倫類」等道學要義。「道統」一語，便是「傳道正統」的縮寫。先錄《百川學海》本的圖⑰，以便參照。

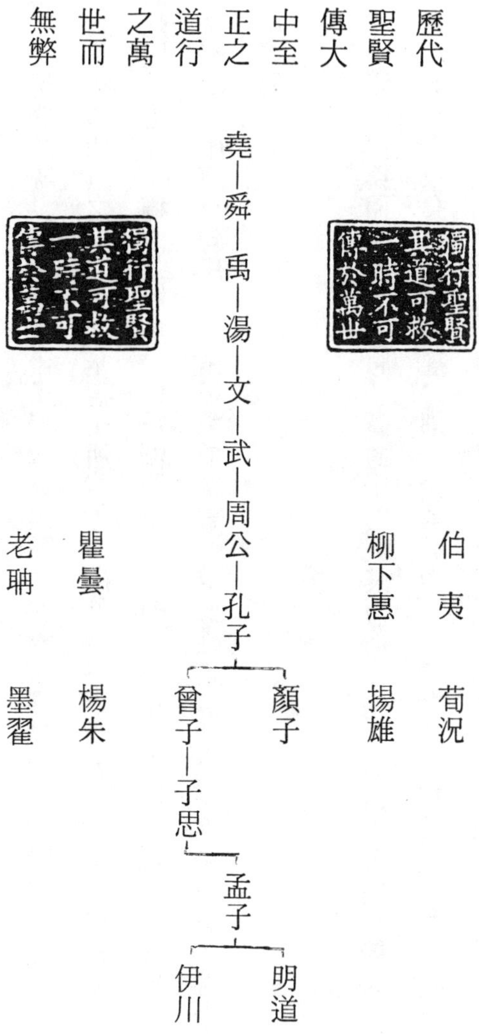

「傳道正統」以二程兄弟直接承繼孟子，韓愈不得厠身其間；這一看法，實程朱理學所以自標榜的心傳所在。朱熹在《四書集注》的最後一章，即《孟子》的卒章，載錄了程頤於元豐八年爲剛逝長兄程顥所撰的〈明道先生墓表〉⑱，墓表突出了程顥的地位說：

孟軻死，聖人之學不傳。……先生生乎千四百年之後，得不傳之學於遺經，以興起斯文爲己任。辨異端，闢邪說，使聖人之道渙然復明於世。蓋自孟子之後，一人而已。⑲

李元剛置二程於道統，直接繼承孟子，實以程頤獨尊程顥爲端倪。程顥生於孟子一千四百年之後，謂其獨傳聖人之學，自然是孟子所說的「聞知」；但程顥「聞知」的津梁，却不是韓愈，而是以「遺經」獨傳。於是，作爲淵源所出，這「得不傳之學於遺經」便成至爲關鍵的樞紐。朱熹的〈中庸章句序〉，是程朱道統論的重要總結，開宗明義便說明「得不傳之學於遺經」的具體內容：

〈中庸〉何爲而作也？子思子憂道學之失其傳而作也。蓋自上古聖神繼天立極，而道統之傳有自來矣。其見於經，則「允執厥中」，堯之所以授舜也；「人心惟危，道心惟微，惟精惟一，允執厥中」者，舜之所以授禹也。……夫堯、舜、禹，天下之大聖也。以天下相傳，天下之大事也。以天下之大聖，行天下之大事，而其授受之際，丁

> 寧告戒，不過如此。則天下之理，豈有以加於此哉？自是以來，聖聖相承：若成湯、文、武之爲君，皐陶、伊、傅、周、召之爲臣，既皆以此而接夫道統之傳；若吾夫子，則雖不得其位，而所以繼往聖、開來學，其功反有賢於堯舜者。然當是時，見而知之者，惟顏氏、曾氏之傳得其宗。及曾氏之再傳，而復得夫子之孫子思，則去聖遠而異端起矣。子思懼夫愈久而愈失其眞也，於是推本堯舜以來相傳之意，質以平日所聞父師之言，更互演繹，作爲此書，以詔後之學者。……自是而又再傳，以得孟氏，爲能推明是書，是承先聖之統，及其沒而遂失其傳焉。……然而尙幸此書之不泯，故程夫子兄弟者出，得有所考，以續夫千載不傳之緒；得有所據，以斥夫二家（指老佛）似是之非。[20]

所謂「遺經」，據此序而知是〈中庸〉；「不傳之學」是指僞古文尚書〈大禹謨〉裏的「人心惟危，道心惟微；惟精惟一，允執厥中」這十六字「心傳」，這就是〈中庸〉所詮解的幽微至理。子思的〈中庸〉爲程朱道統論的樞紐，而孟子乃推明是書而已；相較於〈中庸〉，《孟子》居於次要的地位。〈中庸章句序〉的道統，和李元剛的「傳道正統」圖完全一致，韓愈均不在其中。

五

程朱理學的道統論存在獨特的內涵，以〈中庸〉爲經典，開展出十分精微的心性之學；若就「道」的二端講，它集中於原點性質的實踐，而指向的屬性不明確。雖然標榜《莊子》的「內聖外王」，但事功的意識淪於次要，或受有意的摒棄。因爲所著眼的是那不偏不倚的至微心性活動，要實現「中」的理想境界，必然十分重視有意識的理性，以求達到一種至高無尙的平衡；於是，程朱理學重視的是「心術」，大講「志」的問題；而那些本能的反映，因視爲妨礙理性所培養的平衡，自然要受到抑制以至於排斥。

就這一道統內涵說，韓愈不得厠於其間，完全是正確的。且分述兩者的鉅大差別。

第一，韓愈所提出的道的承傳，本來取之於《孟子》；韓愈一生追慕的人物，便是孟子；他甚至於以當世孟子自負，實現「修辭明道」的理想。在道的承傳過程上，得其宗的是孟子。㉑程朱的道統論，以子思爲典型，得道統之宗，而非孟子。子思〈中庸〉是道統的樞紐，爲學理的淵源所在。

第二，韓愈履道的端倪，是那憫惻民瘼的憂懼情懷，而志趣於平治天下，倚重事功，以〈大學〉的修、齊、治、平爲用世行道、安身立命的歸宿。程朱道統論強調理性的克制，屬

於內向式的上達工夫，以〈中庸〉爲履道的根本；偏於心性而輕蔑事功，所以只視〈大學〉爲「初學入德之門」。㉒

第三，〈原道〉所提出的傳道系統，是概括《孟子》所突出的治世安民的聖人，憂懼時世而又各以不同方法致太平的基礎，是他們的共同特色。程朱道統論的系統，對承傳的基礎提出不同的解釋，認爲「允執厥中」四字構成「心傳」的內核，而〈中庸〉則爲孔門傳授「心法」所在。㉓

根據典型、所履、途徑三方面的比較，都說明了韓愈的傳道論和程朱的道統論各有蹊徑，絕不可輕率地混之爲一。程朱的觀念雖受韓愈的影響和啓發，但兩者的內涵已完全不同，並非一脈相承的發展㉔，各有所偏重，不勞軒輊。總之，物歸原主，則混亂的比傳自除了。

【附註】

① 見陳寅恪〈論韓愈〉「建立道統證明傳授之淵源」一節。載《歷史研究》一九五四年第二期。轉錄於周康燮主編的《韓愈研究論叢》。香港：大東圖書公司，一九七八年。頁一至二。

② 《韓昌黎文集校注》卷一。上海：上海古籍出版社，一九八六年。頁十八。

③ 韓愈〈科斗書後記〉說：「思凡爲文辭宜略識字。」（《韓昌黎文集校注》卷二。頁九十五。）

④《韓昌黎文集校注》卷一。頁十八。

⑤同註①。

⑥《四書章句集注》。北京：中華書局，一九八三年。頁三七六。

⑦同右註⑥。頁二九四。

⑧⑨同右註⑥。頁二七二至二七三。

⑩《韓昌黎文集校注》卷三。頁二〇三。

⑪皇甫湜：〈韓愈神道碑〉，載《全唐文》卷六八七。上海：上海古籍出版社影印楊州官刻本，一九九〇。頁三一一八。

⑫韓愈：〈御史臺上論天旱人饑狀〉，《韓昌黎文集校注》卷八。頁五八八。

⑬⑭同註⑪。

⑮《韓昌黎文集校注》卷一。頁十五。

⑯見《韓昌黎文集校注》卷首。

⑰左圭（輯）：《百川學海》丙集。北京：中國書店影印本，一九九〇年。頁二五一。

⑱見《河南程氏文集》卷十一。《二程集》。北京：中華書局，一九八一年。頁六四〇。案：原文與朱熹《孟子集注》卒章所引，有所不同，但宗旨無異。

⑲《四書章句集注》。頁三七七。

⑳同右書。頁十四至十五。

㉑韓愈〈送王秀才書〉肯定孟子得孔子之道的「宗」說：「孟軻師子思，子思之學蓋出曾子，自孔子沒，群弟子莫不有書，獨孟軻氏之傳得其宗，故吾少而樂觀焉。」（《韓昌黎文集校注》卷四。頁二六一。）

㉒朱熹：〈大學章句〉。《四書章句集注》。頁三。

㉓朱熹：〈中庸章句〉。同右書。頁十七。

㉔陳登原〈韓愈評〉「原〈原道〉」一節的識解可視爲典例，至於說「其事尤可惡可鄙」（見《韓愈研究論叢》。頁三十五），則言近鄙倍，不是持平的態度。

四、以文為戲

——韓愈以幽默發憤的奇境

一

韓愈講「修辭明道」，自比孟子，一心於用世；在不得位無可奈何之餘，才把整副生命投入文章裏，希望透過文字重整時代的思潮，撥亂反正，重現儒家尤其是孔、孟精神的光彩和生機，下開萬世太平的基業，這自然是一股無比的信心和魄力。雄偉的理想把韓愈的影子投射得無比碩大，在文化史的各方面，都不得不講韓愈；而韓愈亦由此戴上了神聖的光環，人們對待韓愈，便一切都從最完美無暇的角度出發。一旦發現了人的特徵，尤其是一些異乎尋常的舉止，先入爲主的神聖意識，對比了眞實的韓愈，一種極度失望而至於沮喪的感受不禁湧現，韓愈的印象從極高處突然俯墜到深坑谷底；人性的發現，並未能令人們更理解眞實的韓愈，反之，惹來更多不近人情的抨擊。韓愈驟然放下了神聖的光環，一時不能爲人接受，也是很自然的。

如果視韓愈是有血有肉的人，了解到他也有激情和抱負，有哀傷有快樂，那麼，我們是否只允許他說教，而禁止他浩唱悲吟呢？如果正視作家的人性，對他的理解便會深刻一些。錢鍾書說：

> 退之可愛，正以雖自命學道，而言行失檢，文字不根處，仍極近人。《全唐文》卷六百八十四張籍上昌黎二書痛諫其好辯、好博進、好戲玩人，昌黎集中答書具在，亦殊有卿用卿法、我行我素之意。豪俠之氣未除，眞率之相不掩，欲正仍奇，求厲自溫，與拘謹苛細之儒曲，異品殊科。①

錢氏所講的，是指韓愈那些「以文爲戲」的作品；其實，錢基博《韓愈志》已指出韓集雜著類存在兩種體格；〈韓集籀讀錄〉說：

> 其一原道析理，軒昂洞達，汲《孟子》七篇之流，如「五原」、〈對禹問〉是也。其一託物取譬，抑揚諷諭，爲「詩」教比興之遺（自注：章學誠《文史通義・詩教篇》

曰：「學者惟拘聲韻之爲詩，而不知言志達情，敷陳諷諭，抑揚涵泳之文，皆本於詩教。」），如〈雜說〉、〈獲麟解〉、〈師說〉、〈進學解〉、〈圬者王承福傳〉、〈訟風伯〉、〈伯夷頌〉是也。②

《談藝錄》所拈出的「極近人」的可愛作品，正是錢基博所擧的「託物取譬，抑揚諷諭」的一類。關鍵在錢氏父子未有進一步結合「以文爲戲」的問題加以探討，但已同時察覺到這一批有別於「明道」的用世文章，自存在另一種特別的風貌，錢鍾書以「奇」和「溫」二字加以概括。這類「奇」、「溫」之文，最能表現作者的眞實性情，和板起面孔的說教完全不可同日而語；錢基博以爲是本於「詩教」，而錢鍾書則以爲是「言行失檢、文字失根」的流露，意見雖然相左，但都肯定這一類作品是韓文中最具文學意趣的部份。二公鉅眼，特別提示這部份作品的特色，於韓文研究實有無上的功德；因爲一直以來，講韓文的往往只專注於文道的一方面，却忽略了這與明道並軌的寫作方向——以文爲戲。只蔽於那耀眼的神聖光芒，看不到韓文更實在，更近人性的一面；這樣，始終不能理解韓文的全體，遑論韓愈的內心世界。如果了解到韓愈大半生都在落魄潦倒之中渡過，一種同情的念頭油然而生，也許會開始認同他的「以文爲戲」了。

二

從文字的字意說，「以文爲戲」絕不是好評。戲有嬉戲、戲謔、遊戲的意思，總之，和板起面孔的正經態度相反，錢鍾書所謂「言行失檢、文字失根」，可說是對「爲戲」的基本理解。如果單從字面講，「以文爲戲」就是玩弄文辭，寫作的態度不認眞。事實上，當時的人是這樣理解韓愈的，如裴度《寄李翺書》便很痛心地批評韓愈說：

昌黎韓愈，僕識之舊矣，中心愛之，不覺驚賞。然其人信美材也。近或聞諸儕類云：恃其絕足，往往奔放，不以文立制，而以文爲戲。可矣乎？可矣乎？今之作者，不及則已；及之者，當大爲防焉耳。③

裴度沒有看過韓愈這類文章，只是於朋友輩間有所聽聞。只從字面上理解，很自然有裴度這種反應，況且裴度和韓愈素有交誼，更不想朋友墮落。那麼，「以文爲戲」又是否惡意的中傷詆毀呢？原來韓愈曾經自認不諱。那位汗流走僵的張籍，看不慣了，寫信規勸說：

> 比見執事多尙駁雜無實之說，使人陳之於前以爲歡，此有累於令德。④

以爲這種好尙只在於取悅他人，有損道德。韓愈意想不到張籍會那麼持正嚴肅的，於是開玩笑回覆說：

> 吾子又譏吾與人人爲無實駁雜之說，此吾所以爲戲耳。比之酒色，不有間乎？吾子譏之，以同浴而譏裸裎也。⑤

韓愈毫不諱言這是「爲戲」，還打趣說優於酒色，又幽默張籍「同浴而譏裸裎」，覆函本身正是在爲戲。張籍不服，再寫信切責韓愈說：

> 君子發言擧足，不遠於理；未嘗聞以駁雜無實之說爲戲也。執事每見其說，亦拊抃呼笑，是撓氣害性，不得其正矣。苟正之不得，曷所不至焉！或以爲中不失正，將以苟悅於衆，是戲人也？是玩人也？非示人以義之道也。

張籍的辭氣很躁銳，相信他當時讀完韓愈的覆信後，頗動意氣所致。張籍的批評較之裴度更爲激烈，而且牽扯到有害於道的問題，亦即是徹底否定了韓愈安身立命的基礎，這樣，韓愈也不能等閒對待了，便很嚴肅的回覆辯論說：

駁雜之譏，前書盡之，吾子其復之。昔者夫子猶有所戲，《詩》不云乎：「善戲謔兮，不爲虐兮。」《記》曰：「張而不弛，文武不能也。」惡害於道哉！吾子其未之思乎！⑦

有條不紊的開解，一點不動氣，確有大家風範。裴度所說的「以文爲戲」，是韓愈所不隱諱的，絕非別人的惡意中傷。韓愈雖以爲無害於道，但的確不爲同輩所許；即使如孟郊，在贈給韓昶的詩中也說：

海鯨始生尾，試擺蓬壺渦。幸當禁止之，勿使恣狂懷。⑧

最後兩句，其實是說給韓昶父親韓愈聽的。

韓愈的「以文爲戲」惹來朋友的非議，亦增加了貶韓者譏刺的資藉。《舊唐書・韓愈傳》便說：

時有恃才肆意，亦有盭孔、孟之旨。⑨

「恃才肆意」指的便是裴度〈與李翺書〉所說「恃其絕足，往往奔放」的「以文爲戲」，《舊唐書》本傳編者以爲「盭」孔孟之道。「盭」與狼戾、乖戾的戾音義俱同，是一個含至貶的意義的字，以《漢書・張耳陳餘傳》贊所說「何鄉者慕用之誠，後相背之盭也」的用法對比，可見貶意是重得無以復加的。韓愈於〈重答張籍書〉中已辯明「爲戲」不違孔子之道，而《舊唐書》則大張撻伐，實在有失於持平，攻訐的成份反多一些。

不過，若只附會字面，「以文爲戲」的態度不爲持正的人接受，是可以理解的。尤其是韓愈又自比於孟子，以修辭明道用世，自然給人一副道學的印象；而「爲戲」的舉止，又與這副嚴肅的面孔有點格格不入；其他人「爲戲」可以接受，但以聖賢自居的韓愈如此，亦難怪別人的非議。於是，「明道」與「爲戲」是否可以並存？韓愈爲甚麼冒著同儕輩的批評，仍然繼續這種「爲戲」的撰作？「爲戲」之文又有甚麼特點而能夠與明道之文並軌？諸如此類的疑惑，都必須深入的分析才能解決。深諱其事，或責之以乖戾，都是不足取的做法。以下根據韓愈的作品，以徵實的態度來說明這些問題。

三

韓愈與張籍論辯往還的兩封信，大約寫於貞元十三年之間⑩；之前，韓愈三試不用，而年已而立，可謂空懷利器，蹭蹬無聊之至。貞元十二年曾三次投書宰相自薦，都不獲答。其中第一書曾提及自己的作品說：

> 其所著皆約六經之旨而成文，抑邪與正，辨時俗之所惑。居窮守約，亦時有感激怨懟奇怪之辭，以求知於天下；亦不悖於教化，妖淫諛佞譸張之說，無所出其中。⑪

說明了於明道之文之外，亦時常撰寫那些抒發窮厄的文辭，希望藉以引起世人的注意。所謂「感激、怨懟、奇怪」，一言以蔽之，就是懷才不遇的不平之鳴。但韓愈亦伸明這種作品於「教化」無損；那麼，在〈重答張籍書〉裏所說的「烏害於道哉」的爲戲之文，亦正指這些居窮守約的自鳴不平的作品。又至貞元二十一年，已近四十的韓愈，仍然仕途偃蹇，抱負無施；這一年，他投書尙書李巽干謁，在信末裏提及所呈的作品說：

謹獻舊文一卷，扶樹教道，有所明白；南行詩一卷，舒憂娛悲，雜以瓌怪之言，時俗之好，所以謌於口而聽於耳也。⑫

亦是把自己的作品分爲兩大類，第一種是明道之文，韓愈稱之爲「舊文」，可知是少作。這一卷舊文，可能就是十年前曾獻給李實的「約六經之旨而成文」的作品。而「南行詩」一卷，都是作於貞元十三年任汴州張封建幕客之後。既然蹭蹬了十年的光景，內心的不快，或有點像王粲撰《登樓賦》的那種苦澀，而所謂「舒憂娛悲」，亦聊勝於無而已。用世的情懷，更激起「求知」、「求遇」的渴望，「投時俗之所好」的瓌怪筆墨，歸根究底，都是因爲不甘寂寞；張裕釗評說：

瓌怪處，自云時俗所好，足知離奇之作，非公眞際，直遊戲以震喝人。⑬

張氏見出這些「瓌怪」便是遊戲之文，可謂鉅眼。事實上，投時俗之所好，以求知於天下，可以說就是以文爲戲的動機。

〈上兵部李侍郎書〉所說的「瓌怪」，與〈上宰相書〉的「感激怨懟奇怪」，所指無異。〈原道〉曾說：

甚矣！人之好怪也！不求其端，不訊其末，惟怪之欲聞。⑭

尙怪好奇，無視理性，原來是當時的氣習。怪奇亦即是異於尋常，令耳目聳動的格調。中唐時的尙怪風氣，是有迹可尋的。經歷了安史之亂的異常變化，所謂意義和價値，在兵燹中根本毫無存在的餘地，一切原以爲應該如此的「秩序」完全給打垮了；「求端訊末」這種理性客觀的探索和追尋，面對著這紛亂顚置的世界，只能引發更強烈的心靈顫動。於是，爲了擺脫現實帶來的苦惱，舒減衝擊的力量，便會產生一股內斂而又妥協的意識。內斂只重視自我的存在，尤其突出直覺的感受，而怪異的事物和現象最能滿足這種直覺的欲求；現實既然是苦難重重，天地顚倒，妥協的意識便更助長輕蔑理性的態度，進一步產生了顚倒美醜的觀念。李肇《唐國史補》所謂「元和之風尙怪」⑮，便是滋生於這特殊的時代氛圍。

韓愈多年來不得意於場屋，眼見自己才高屢黜，而庸拙輩反而平步靑雲，所謂理性，所謂是非，好像不存在似的，一切都顛倒過來，〈感二鳥賦〉、〈復志賦〉、〈閔己賦〉既自傷，也是對時代的不滿；這些作品全用〈離騷〉的體格，並不是形式上的摹襲；自我的肯定是〈離騷〉的主題，是構成《楚辭》「奇」的風貌的基礎。韓愈〈送窮文〉說到：

> 不專一能，怪怪奇奇，不可時施，祇以自嬉。⑯

這是韓愈五窮中的文窮；他除了文窮外，還有智窮、學窮、命窮、交窮，眞是無一不窮，已到了山窮水盡的地步；「君子固窮」，表現於文章，成爲「怪怪奇奇」的風格。因窮而奇，屈原、韓愈都沒有分別。

韓愈平生偃蹇而文奇，而時代本來已尚奇；於是，韓愈這些抒發「窮」愁的「奇」文自然爲世俗奚落，如張籍所描述的「使人陳之於前以爲歡」，而〈上宰相書〉所說以奇文「求知於天下」，亦得以索解了。持正的班固於屈原頗有微詞，韓愈的情況亦不例外。裴度、張籍的責難，與班固之評屈原，本質上沒有分別。而屈賦韓文之奇，不會因此而減價。

但韓愈「恣狂懷」的奇文，並沒有爲求售於世而無所不用其極；在聳動世俗耳目之際體現了分寸，因爲他已設下一道底線，那就是見於〈上宰相書〉的「不悖於教化，妖淫諛佞譸張之說，無所出其中」，所以韓愈能夠反駁張籍說：「惡害於道哉！」戲而不謔，以理性駕馭了苦澀的傾瀉，奇不失正，也就有異於時俗惟奇是尚、輕蔑理性的潮流。既能入之，又可以出之，便是韓文自振於一代的根由。

四

韓愈於元和初年所寫的〈毛穎傳〉，是一篇典型的「以文爲戲」的作品。韓愈藉毛穎的遭遇，映射統治者刻薄寡恩的眞面孔，以抒發自己困躓之愁。韓愈把毛穎人格化，以極嚴肅的史傳體加以敍寫；極雅的文體與極詼諧的素材兩端的組合，構成了奇特的體貌，即使尚奇的社會似乎也不能夠接受，受到世人的怪笑。柳宗元看了楊子誨帶來的〈毛穎傳〉，撰寫了〈讀韓愈所著毛穎傳後題〉，爲韓愈的以文爲戲辯解，內容與韓愈〈重答張籍書〉的相似，眞可以說是知己會心。〈後題〉的結筆說：

> 且凡古今是非六藝百家，大細穿穴，用而不遺者，毛穎之功也。韓子窮古書，好斯文，嘉穎之能盡其意，故奮而爲之傳，以發其鬱積，而學者得以勵，其有益於世歟！⑰

柳宗元抉出「發其鬱積」的用心，不蔽於表面的恢詭幽默，眞可謂「見異惟知音」。同是天涯淪落人，相濡以沫，自然能夠較裴度和張籍更能體會作者的心情。林紓《韓柳文研究法》說：

> 昌黎之文，雖裴度猶引以爲怪，矧在餘人。千秋知己，惟一柳州，故昌黎之哭柳州，尤情切而語摯。即如〈毛穎〉一傳，開古來未開之境界，較諸〈餓鄉記〉尤奇，則宜乎貪常嗜瑣者之笑也。昌黎每有佳制，柳州必有一篇與之抵敵，獨〈毛穎傳〉一體無之，故有〈讀毛穎〉之作。「俳」字是通篇之主人翁，以下節節以「俳」字開釋。引《詩》，引史書，均爲昌黎出脫。太羹玄酒外，嗜者尚有菖蒲芰與羊棗之類；見得古文於道理之外，拘極而縱，殊無傷也。然使裴晉公讀之，則柳州亦將爲昌黎分謗矣。⑱

因〈毛穎傳〉，的確可反映韓、柳友誼之篤。而〈毛穎傳〉既開出至奇的境界，那麼，奇在何處呢？這有深入探討的必要了。

〈毛穎傳〉屬《史記》文體，李肇《唐國史補》謂：

> 韓愈撰〈毛穎傳〉，其文尤高，不下史遷。⑲

是唐代人已察覺出韓愈用《史記》文體撰寫〈毛穎傳〉。司馬遷「發憤著書」，而韓愈於〈答竇秀才書〉中亦自敘說：

> 愈少駑怯，於他藝能，自度無可努力，又不通時事，而與世多齟齬；念終無以樹立，遂發憤篤專於文學。⑳

話雖然說得有點晦氣，但「發憤」兩字却值得注意。「發憤」的韓愈用「發憤」的文體，絕不是偶然的，柳宗元《讀毛穎》所揭示的「發其鬱積」的文心，何嘗不可以視爲「發憤」的同義詞呢？明人郭正域《韓文杜律》說得好：

> （〈毛穎傳〉）不直戲文，蓋戲史矣。㉑

眞是一語中的；〈毛穎傳〉的「奇」，便是在這「文成破體」的地方表現出來。至於現代學者動輒視之爲傳奇小說㉒，雖不失爲創見，但總搔不著韓文的癢處。事實上，韓愈撰〈毛穎傳〉，豈但「以文爲戲」，直到了「以史爲戲」的地步了。林紓《韓柳文研究法》分析〈毛穎傳〉的運意說：

〈毛穎傳〉爲千古奇文，《舊史》譏之，而柳子厚則傾服至於不可思議。文近《史記》，然終是昌黎眞面目，不曾片語依傍《史記》。前半直是一篇兔傳，至「獨取其髦」，始爲毛穎伏案。及敍到圍毛氏族，拔毫載穎，聚族束縛，此方爲傳之正文。則以上傳兔，特述穎之家世耳。得管城封而親寵用事，下至「累拜中書公」止，均細疏其能，並其爵秩。「與執燭者常侍」，應以上「親寵」句。絳之陳，弘農之陶，會稽之楮，此爲傳中應有之人。冠兔髮禿，敍穎末路，應如此。惟「盡心」二字，妙極。傳後論追述毛穎身世，若有餘慨，則眞肖史公矣。崔豹《古今注》：「蒙恬造筆，以柘木爲管，鹿毛爲柱，羊毛爲被，不言兔毫。」究竟公讀古書多，必有所本。㉓

林紓的分析頗見精警，顯示了「細部批評」的優點，但有兩方面還可以補充的。

第一，林氏謂文近《史記》又不曾片語依傍；這就是韓愈〈答劉正夫書〉「師其意不師其辭」的體現；取神遺貌，即上文所曾談及的入乎其中而又可以出於其外的控馭文體的能力。「眞肖史公」是神似而不是形似。

第二，韓愈以兔毛爲毛穎，與史傳蒙恬用鹿、羊的毛造筆的記載不合，林氏以爲韓愈另有所據。其實，文學和史存在基本上的差異，文學容許虛構，史則不能，所以《孟子》講「是《詩》也，非是之謂也」。㉔韓愈寫兔毛，是故意的掩抑虛挩，猶如漢人辭賦慣常的「設辭」。在文體上，〈毛穎傳〉是不折不扣的史傳體，姚鼐《古文辭類纂》雖明知是「嬉戲之文」，亦不得不歸之於傳狀類裏。以誌實的史傳體傳寫疑幻疑眞的事物，是絕大膽的嘗試，而「爲戲」的效果更爲強烈，所以不佞說〈毛穎傳〉是「以史爲戲」的作品。若所用素材是實有其事的話，只能算得上是一篇考實的記述，沾不上文學的邊。毛穎爲杜撰，是不必諱言的。包世臣《藝舟雙楫》卷一論〈毛穎傳〉說：

> 士君子立言有體，遇事之必不可無言，**而勢有必不能明言者，則常託於諧詞卮說以見意**。彼〈毛穎〉何所取耶？無取而以文爲嬉笑，是俳優角觝之末技，豈非介甫所譏「無補費精神」者乎？〈南山〉、〈陸渾山火〉、〈聯句〉諸什，亦其類矣。然覆退之生平，則〈進學解〉所謂「長通於方，左右具宜」者，實足爲言行相顧，胡不慥慥者

也。㉕

因爲不便明言，便杜撰事實掩抑過去。〈毛穎傳〉既寫秦君刻薄寡恩，若用眞實素材，便有映射的嫌疑，惹來訕上的罪狀。若其事爲杜撰，查無其實，於虛搖之間又能寫出內心的說話，於是「言之者無罪，聞之者足以戒」，深闇詩教的遺音；正因爲是杜撰，所以雖是「發憤」之文，仍能「不悖教化」。至於《舊唐書》評此文「譏戲不近人情」㉖，實非持平之論。

五

作於元和八年的〈進學解〉，表現了韓愈以文爲戲的登峰造極的境界，與〈原道〉並峙，是韓愈垂不朽的傑作。《舊唐書》本傳載：

愈自以才高，累被擯黜，作〈進學解〉以自喻。……執政覽其文而憐之，以其有史才，改比部郎中、史館修撰。踰歲，轉考功郎中、知制誥，拜中書舍人。㉗

韓愈因此而得售，並晉身於中朝，提供了施展抱負的基本客觀條件，成爲一生仕途的轉捩點。

〈上宰相書〉所說的「時有感激怨懟奇怪之辭，以求知於天下」，〈進學解〉足以當之。不過，《舊唐書》以爲是執政「憐之」的結果；而宋祈於《新唐書·韓愈傳》改用另一種語氣說：

執政覽之，奇其才。㉘

突出韓愈的才華。這種「書法」上的差異，表現了對韓愈評價的懸殊。但不論敘述者褒貶的態度，韓愈以〈進學解〉而受知於朝廷，則是不爭的事實。至於誰是「執政」，兩《唐書》本傳都沒有記載，但李絳和武元衡必在其中㉙，二人本來已經很欣賞韓愈的才情。

對〈進學解〉的造詣，歷來都讚頌不絕。茅坤《唐宋八大家文鈔》評論說：

此韓愈公正之旗、堂堂之陳也。其主意專在宰相，蓋大才小用不能無憾；而以怨懟無聊之辭托之人，自咎自責之辭托之己，最得體。㉚

韓愈作〈進學解〉時已年望五十，蹭蹬一生，大才小用的遺憾，懷才不遇的苦悶，於一向以孟子自比的韓愈來說，怨懟無聊的感受較一般人更爲強烈；如果直接以第一身抒發出來，便會有暴瀉不可收拾的可能，結果陷入了自哀自憐的呼號；這樣處理情感的表露，雖能取快於一時，却犧牲了文學的意趣。韓愈終選擇了間接式的流露，避免直接的宣瀉。雖用漢人〈答客難〉、〈解嘲〉、〈答賓戲〉等的辭賦體，透過嘲弄和解辯的對話形式表現失志的悲憤，但韓愈轉換了敍述的角色，重新安排文章的結構，洪邁《容齋隨筆》卷七說：

東方朔〈答客難〉，自是文中傑出，楊雄擬之爲〈解嘲〉，尙有馳騁自得之妙。至於崔駰〈達旨〉、班固〈賓戲〉、張衡〈應閒〉，皆屋下架屋，章摹句寫，其病與〈七林〉同；及韓退之〈進學解〉出，於是一洗矣。㉛

一洗舊體的陳腐，自是韓文功價所在。而〈進學解〉之所以不落窠臼，是因爲以極清醒理智的態度來處理那蘊積至久的抑憤，才有可能用「最得體」的方式表情達意，不致於流入惹厭的狂呼怒喊。林雲銘《韓文起》很精闢抉示了〈進學解〉在這方面的特色：

首段以進學發端，中段句句是駁，末段句句是解，前呼後應，最爲綿密。其格調雖本

〈客難〉、〈解嘲〉、〈答賓戲〉諸篇，但諸篇都是自疏己長，此則把自家許多伎倆、許多抑鬱，盡數借他人口中說，而自家却以平心和氣處之。看來無嘆老嗟卑之迹，其實嘆老嗟卑之心，無有甚於此者，乃〈送窮〉之變體也。㉜

因爲不是直接的抒發，便能夠心平氣和地審視素材，以客觀冷靜的態度觀省自己的能力和限度；借旁人說出自己心底的抑鬱憤怨，已經跨開了一步，很巧妙地避過了怨刺訕上的險境。有司公正與否的問題，本來是極敏感的，處理不當，言詞過份率直，必引來極大的麻煩；韓愈却以自身能力的限度打消了這困境，一方面保全了自身的尊嚴；另一方面，既不開罪有司；而筆鋒所及，如茅坤所說的「主意專在宰相」，則避開了天子的地位，迴護了至尊的威望。就是這種種避重就輕的筆法，表現了極高的技巧。本來，韓愈如此省視自己能力的限度，就是一種晦氣的說話，但却以極冷靜的態度說出來，完全沒有浮躁鄙倍或者寒促酸腐的辭氣，表現出來的胸襟是如此的豁達：只有別人爲他乾著急，而他自己則氣定神閒。其實，這也是一種掩抑虛摬的手段而已。韓愈好勝，不能下人，這是張籍早已指出的；而又自以爲千年來獨傳孟軻之道的第一人，自視之高，無與倫比（參考前三章可知）。以如此豪壯的人物講如此卑屈的說話，完全不成比例。他說得愈卑屈，那股憤怨的強度就愈大，林雲銘所說的「嘆老嗟卑之心，無有甚於此者」，確是的論。以退爲進，韓愈的「以文爲戲」又邁進一更高的藝術境界。明人郭正域《韓文杜律》說得好：

善寫悲憤，可以怨者也。㉝

若非偌大的手筆，又怎能於遊戲之間體現「詩教」的宗旨呢？發乎情，止乎禮義，始終不悖於教化，奇中有溫，是韓文獨步的根由。

六

從〈毛穎傳〉到〈進學解〉這些宋祈稱之爲「古人意思未到」的作品㉟，充份表現了韓愈「遊戲於斯文」的特色㊱，加以綜合整理，可得以下五方面的結論。

第一，以文爲戲與明道之文同屬韓愈未得位時的撰作，爲戲所以求知於世，明道則行孟子之志，兩者相輔而不背。

第二，以文爲戲是韓文怪奇風格的根源。因爲元和世風尚怪奇，爲了求知於天下，韓愈的爲戲之文便要迎合趣尚。而明道之文志在行遠垂後，不求耳目的聳動，所以風格平和簡易。

於是，怪奇和平易分別成爲韓文的兩大風格。後來古文家各就兩極分化，反失韓旨。

第三，以文爲戲借寓言表達不平之鳴。如〈毛穎傳〉、〈送窮文〉、〈進學解〉所假借的毛穎、窮鬼、國子學生，包含了人、鬼、物的範疇，韓愈借以抒發窮愁，就像整個世界都在替作者鳴不平，震撼的力量便更大了。從所選擇的假借對象，足見作者匠心獨運之處；這一方面，必須審視一系列的作品才能體會出來。寓言式的假借，發揮了文學上的幽默效果，能夠更深刻表現作者內心的抑憤。

第四，以文爲戲是破體的因由。〈毛穎傳〉以史爲戲，〈進學解〉以賦爲戲；在文體上都是有所繼承，作者以杜撰的素材和戲劇化的行文安排，觝破了文體的傳統規範，一洗陳腐，師意不師辭，自創了新的格局；韓文的破體若從「通變」的角度看，便是所以自振於一代的根源；但從文體的規範說，亦頗惹人非議。其實，韓愈「以文爲詩」，和〈毛穎傳〉、〈送窮文〉、〈進學解〉的本質沒有分別，都是因爲「爲戲」而造成的「破體」；這方面，陳善《捫虱新話》卷三提供了線索：

韓「以文爲詩」，杜「以詩爲文」，世傳以爲戲。㊲

這爲世所傳之說是正確的；只是陳善沒有再深掘其中的意義，轉而討論詩中有文、文中有詩的現象，以圖爲韓愈和杜甫開脫；用心雖然良苦，却歪開去了。韓愈素有大志，不得志才發憤於文學，發憤以爲戲的方法舒解，而以文爲戲又導致破體，這都是一種因果的關係。可見文學上的現象是不能獨立看待的。

第五，爲戲而不失雅正。韓愈雖然「猖狂恣睢，肆意有所作」㊳，但都是以冷靜的態度處理素材，在行文上不作過份的直接情感宣瀉，避免了自我意識的過份膨脹的叫囂。柳宗元〈對賀者〉曾說：

嘻笑之怒，甚乎裂眥；長歌之哀，過乎慟哭。㊴

「裂眥」和「慟哭」，粗糙的情緒宣露，一瀉無餘；至於怒而出之以嘻笑，哀而放之以長歌，相反而相成，悲憤不平的感情更爲強烈。韓愈遊戲之文所表現的幽默感，其實就是這「嘻笑之怒」，體現了一種智者的省察，把狂者懷才不遇的躁銳，化而爲「藹如」的言辭，表現於文章，便是錢鍾書所體會的「奇」而且「溫」的格調了。

從以上五方面的概括，都足以顯示「以文爲戲」是韓愈所致力的一條寫作路向，與兒嬉和輕率是兩回事，就字面而論是不足以理解作者的用心的。而這五方面，正顯示了韓愈文章所以登峰造極的緣由；因此，講韓愈的古文，只提明道而不說爲戲，便完全接觸不到他的文學土壤，所得的結論也就難得全面和中肯。對於韓愈的明道和爲戲，可視之爲相輔相成，不必非此則彼的互相排斥。像清人鄧繹以爲韓愈作文「雜以詼嘲不經之辭」，是因爲沒有「師儒」教育的結果㊵，便是典型的排斥態度，和《舊唐書》所說的「譏戲不近人情」的惡評沒有本質上的分別；這樣，對韓愈的「以文爲戲」便難得具體而持平的審視，而韓文的光芒亦因此而只得以折射，不能透雲大耀了。事實上，歐陽修作〈醉翁亭記〉亦是學韓愈「爲戲」㊶，舉一反三，於古文的文學特質，亦可以思過半了。至於洪邁《容齋隨筆》謂韓愈「以文爲戲」的作品只有〈毛穎傳〉一篇㊷，這又是過份的迴護以致失眞；歸根究底，都是不察「以文爲戲」的特質，而先入爲主的認識，令尊韓者千方百計爲韓愈開脫，未免失之迂腐。其實，正視韓愈實在的人性，「以文爲戲」亦覺得是很自然不過的了。落魄的失意人，講一講幽默的話，稍抒內心的抑鬱，又有何不可呢？而且，這種笑中帶淚的「爲戲」，又表現爲極上乘的文學作品；若忽略過去，則韓文能否得到公正的評價，是大有疑問的。總之，在人的文學的角度來審視，無論是「修辭明道」抑或「以文爲戲」，都同屬韓愈的眞性眞情，體現了一位才華卓越而又刻苦自勵的知識份子的理想和感情。

【附註】

①錢鍾書：《談藝錄》（補訂本）。北京：中華書局，一九八八年。頁六十三至六十四。

②錢基博：《韓愈志》。香港：龍門書局，一九六九年。頁一一九至一二〇。

③《全唐文》卷五三八。上海：上海古籍出版社影印楊州官刻本，一九九〇年。頁二四一九。

④《全唐文》卷六八四。頁三一〇五。

⑤韓愈：〈答張籍書〉，《韓昌黎文集校注》卷二。上海：上海古籍出版社，一九八六年。頁一三二。

⑥張籍：〈上韓昌黎第二書〉，《全唐文》卷六八四。頁三一〇五。

⑦韓愈：〈重答張籍書〉，《韓昌黎文集校注》卷二。頁一三六。

⑧孟郊：〈喜符郎詩有天縱〉，《韓愈資料彙編》。北京：中華書局，一九八三年。頁四。

⑨《舊唐書》卷一六〇。北京：中華書局，一九八七年。頁四二〇四。

⑩方成珪：〈昌黎先生詩文年譜〉，《韓愈年譜》。北京：中華書局，一九九一年。頁一三四。

⑪韓愈：〈上宰相書〉，《韓昌黎文集校注》卷三。頁一五五。

⑫韓愈：〈上兵部李侍郎書〉，同右書。頁一四四。

⑬《韓昌黎文集校注》卷三〈上兵部李侍郎書〉注引。頁一四四。

⑭《韓昌黎文集校注》卷一。頁十四。

⑮李肇：《唐國史補》卷下。楊州：江蘇廣陵古籍刻印社影印嘉慶張海鵬輯《學津討原》本，一九九〇年。冊十三，頁四三九。

⑯《韓昌黎文集校注》卷八。頁五七一。

⑰《柳宗元集》卷二十一。北京：中華書局，一九七九年。頁五七一。

⑱林紓：《韓柳文研究法》之〈柳文研究法〉。香港：龍門書店，一九六九年。頁一〇七。

⑲同註⑮，頁四三八。

⑳《韓昌黎文集校注》卷二。頁一三八。

㉑《韓愈資料彙編》。頁八一五。

㉒陳寅恪〈韓愈與唐代小說〉：「要旨以爲古文之興起，乃其時古文家以古文試作小說，而能成功之所致，而古文乃最宜於作小說者也」（見陳氏《元白詩箋證稿》第一章。上海：上海古籍出版社，一九七八年。頁二。）陳氏特擧〈毛穎傳〉以資說明：「愈於小說，先有深嗜。後來〈毛穎傳〉之撰作，實基於早日之偏好。此蓋以『古文』爲小說之一種嘗試，玆體則彼所習用以表揚巨人長德之休烈者也。」（程會昌譯，文載《國文月刊》五十七期，一九四七年。頁二十五。）視〈毛穎傳〉爲小說，只見韓愈杜撰素材所造成的詼詭波瀾，實未深探文心。而韓愈古文極表之作如〈原道〉和〈進學解〉，前者本《孟子》，

後者承漢賦，俱與傳體無涉。若謂小說之操作導致韓愈古文的成功，未免以偏概全了。陳氏的論斷影響深遠，至今論唐代小說的論著無不把古文和小說相提並論，識高的便會以史傳爲二者的根源，如程毅中的《唐代小說史話》（北京：文化藝術出版社，一九九〇年。頁十至十一。）其實，論才是古文的大宗，只講傳，是不得古文的大體的。因爲牽涉到古文的體要，所以詳辨。

㉓林紓：《韓柳文研究法》之〈韓文研究法〉。頁五十三。

㉔《孟子・萬章（上）》，《四書章句集注》。北京：中華書局，一九八三年。頁三〇六。

㉕《韓愈資料彙編》。頁一四五一。

㉖㉗同註⑨。

㉘《新唐書》卷一六七。北京：中華書局，一九七五年。頁五二五七。

㉙鄧潭洲《韓愈研究》以爲調動韓愈官職的宰相是李絳（長沙：湖南教育出版社，一九九一年。頁一一（附注③）；案：據萬斯同〈唐將相大臣年表〉所考，憲宗元和八年三月在任的宰相是李吉甫、李絳和剛上任的武元衡（《廿五史補編》第五冊。北京：中華書局影印開明書局版，一九八六年。頁七二四六），就《舊唐書》所載，「執政」是因韓愈「有史才」而調動其職位（頁四一九八），同書卷一百六十〈宇文籍傳〉載：「（宇文籍）登進士第，宰相武元衡出鎮西蜀，奏爲從事。以咸陽尉直史館，與韓愈同修《順宗實錄》。」（頁四二〇九）可見修《順宗實錄》和武元衡有密切的關係。至於同位的李吉甫，李

絳甚惡其爲人（《舊唐書》卷一六四〈李絳傳〉。頁四二八七），亦不會舉薦和李絳友善的韓愈。由此而言，當時三位宰臣中，只有李絳和武元衡二人舉用韓愈。又關於《新唐書》和《舊唐書》所用「奇」和「憐」的問題，洪興祖《韓愈年譜》謂「《新史》務簡，遂失其實」（北京：中華書局，一九九一年。頁五十八），尚未察覺兩種不同的褒貶態度。但朱熹《昌黎先生集考異》用《新唐書》本，不從洪說。

㉚《韓愈資料彙編》。頁七七五。

㉛洪邁：《容齋隨筆》卷七。上海：上海古籍出版社，一九七八年。頁八十八。

㉜《韓愈資料彙編》。頁九七二。

㉝㉞同註㉑。

㉟《宋景文公筆記》卷中。《學津討原》本，第一冊。頁五四七。

㊱曾國藩《求闕齋讀書錄》之〈韓昌黎集〉於〈毛穎傳〉下說：「東坡詩云：『退之仙人也，遊戲於斯文。』凡韓文無不狹獪變化，具大神通。此尤作劇耳。」（長沙：岳麓書社，一九八九年。頁三〇八。）

㊲《韓愈資料彙編》。頁二六三。

㊳柳宗元：〈答韋珩示韓愈相推以文墨事書〉，《柳宗元集》卷三十四。頁八八二。

㊴《柳宗元集》卷十四。頁三六二。

㊵鄧繹《藻川堂譚藝》說：「經師之學盛，則通儒之學希。即有知《詩》之深如杜甫，比者雜以詼嘲不經

之辭，人乃輕其所學，不得與小儒釋經者同列孔子之門。蓋如狂簡成章，而無聖師化裁者之過也。『世無孔子，不當在弟子之列』，韓愈氏亦云然矣。」（《韓愈資料彙編》。頁一五二九。）這類批評，直如一股難耐的臭腐酸氣，撲面襲來。《文心雕龍．知音》起筆「知音其難哉」的極端感慨，古今皆然。

㊶ 歐陽修〈醉翁亭記〉是「爲戲」之文，見蘇軾〈記歐陽論退之文〉：「韓退之喜大顛，如喜澄觀、文暢之意，了非信佛法也。世乃妄撰退之與大顛書，其詞凡陋，退之家奴僕亦無此語。有一士人於其末妄題云：『歐陽永叔謂此文非退之莫能。』此又誣永叔也。永叔作〈醉翁亭記〉，其辭玩易，蓋『戲』云耳。又不以爲奇特也，而妄庸者亦作永叔語，云：『平生爲此最得意。』又云：『吾不能爲退之〈畫記〉，退之又不能爲〈醉翁記〉。』此又大妄也。僕嘗謂退之〈畫記〉近似甲名帳耳，了無可觀，世人識眞者少，可歎亦可愍也。」（《蘇軾文集》卷六十六。北京：中華書局，一九八六年。頁二〇五五至二〇五六。）即使就「妄庸者」的話說，亦可反映古文家以「爲戲」之文表現技出一籌的自信；亦即是說，這類作品反映了他最高的文學水準。

㊷ 洪邁《容齋隨筆》卷七說：「〈毛穎傳〉初成，世人多笑其怪，雖裴晉公亦不以爲然，惟柳子獨愛之。韓子以文爲戲，本一篇耳。」（頁八十八）洪邁以爲裴度不滿韓愈的〈毛穎傳〉，其實是不對的，這可從兩方面說：第一，裴度〈與李翺書〉，明白說是聞諸於「同儕輩」；第二，裴度的信和張籍給韓愈的兩信差不多同時，作於貞元年間；而〈毛穎傳〉則成於元和初年；裴度根本不可能預先見到這篇作品。

五、心醇而氣和

——論韓愈的養氣說

一

韓愈論「養氣」，要蘊都集中於〈答李翊書〉，錢基博〈韓集籀讀錄〉說：

自古文章精刻而沉著者，惟《孟子》爲然；而愈此書，只是以《孟子》排宕開闔之筆，發《孟子》知言養氣之旨。①

無論從行文以至於立意，俱得之於《孟子》。韓愈既然一向以孟軻爲立身處世的典範，而「知言養氣」亦爲《孟子》的重要觀念，論「養氣」而取之於孟軻，亦自然不過，楊勇〈論韓愈文之文氣〉謂「韓公的養氣說乃由孟子直接而來」②，固然是正確；但又推開講「文氣」

的問題，落到純粹辭章的層面，和桐城派講文氣的窠臼沒有分別，只重爲細密繁瑣而已，實已乖違了孟軻和韓愈的旨趣。知其然而不知所以然，亦是一蔽。

至於「文氣」的觀念，因歷來講古文的人莫不拈出氣字大作文章，一直支配了古文的領域。「因聲求氣」的主張，就是以辭章爲根據，以作爲提高「文氣」的一種手段。另一方面，「文氣」亦是評斷文章優劣的標準。因之，從安章宅句、遣詞用字上尋求「文氣」的根源，或而歸納一些「規律」來提高「文氣」，亦是很自然的趨向。然而，差之毫釐，謬之千里；以辭章爲根據的「文氣」觀念，本身便是一種走失；孟子、韓愈的「氣」是末而不是本，但講氣，已經失本；再誤落於辭章的層面，便變成「謞」了。

二

字辭可分兩大類，一是通義字，一是專義字；前者爲日常生活的溝通訊號，後者則爲技術專語，指謂確切不移；「氣」這個字，則屬前者，是平日溝通的常用語。《說文解字》卷五有乃部、丂部、可部、叵部、兮部、于部，都從「丂」得義。「丂」像氣出。即口鼻氣息。古人造字，近取諸身；呼噓的氣息至爲切近，便成爲氣的造字根據；及身而推，呼噓爲生存的象徵，呼吸停止則死亡，於是必視呼噓的氣爲維生的要素；而氣息所呼，足以搖動物件，像大自然之有風；從所動而言，便會得出氣動成風的認識。人以氣而得生存，這觀念類化，在說明天地生成的時候，亦視宇宙爲人體的縮影，氣充於其中。無論就人體言，抑爲宇宙言，充其中而且帶動生命的便是氣。「氣」這個字的造字本義，以這觀念爲基礎。

《說文》的氣字，篆文作「气」，許愼解釋爲像雲氣之形；段玉裁注：「像雲起之貌；三之者，列多不過三之意。」③若就象形字講，自有云字像雲氣；段注爲了示別於云字，便解釋爲雲霞上湧的樣子；及釋三劃爲「多」義的暗示。其實，《說文》小篆气字是譌變了的形體；甲骨文氣字寫作「(一)」，若從象形講，必定說不清楚的。甲骨文「上」字作二，「下」字作二，短的一劃只是指事符號，不具實義。在地平線之上便爲上字，在天空的下便是下字。於是，(一)便可得以解說了。字的上下二弧劃乃具指天地，中間短劃是指事符號，指那充盈於天地之間的東西，即氣。淵源很古的今文《書》「六氣」說和《易》緯「太極」的觀念④，都爲气字本義的詮解提供重要的佐證。气本來是一個指事字，並非《說文》所說的象形字。《孟子》所講的「氣，體之充」⑤，其實便是本義。體和氣是構成生命實體的兩大元素。

氣是一個常用通義字，古人運以議論時。只取大意所指。而後人講氣，動以名學斤求其中的纖曲碎義，科條層次，強隸「自然」、「生理」、「義理」、「道德」等範疇裏面。於是，一見孟子講氣，已經先入爲主的納入道德之氣的類屬裏；同一氣字，指此爲生理氣，彼爲義理氣，名目繁多，表面上很有條理，實際上是主觀的做法。氣字和山、水、風、火這些字一樣，同樣指稱一種客觀的存在。譬如講山字，不會說這山屬理性，那山是道德的吧！氣亦何嘗不然呢！總之，必先剝落附著於氣字的種種主觀意念，才能夠客觀地審視「養氣」的問題。

三

氣先於實體，是先秦時代的基本認識。在人體方面而言，氣支配一切生理機制，直接帶動意主和由之產生的言行。《左昭九年傳》所載屠蒯的話正體現了這種認識，文謂：

味以行氣，氣以實志，志以定言，言以出令。⑥

以因果的關係說明了氣、志、言相遞的性質，亦即是說，血氣這天賦質性爲一切志行言動的首腦。血氣決定主觀意志的舉止，若推衍出來，便會產生生物本能至上的人生觀。以血氣本能主宰一切，人獸無以分別。儒家正面對這時代難題，解決以血氣爲先的制囿，把人性釋放出來，突現人之所以爲人的尊嚴所在，便必須逆轉氣爲主導的觀念。孔子講的「

三戒」⑦，就是以意志力克制血氣的本能活動。到了孟子，觀念更爲明確，說：

夫志，氣之帥也；氣，體之充也。⑧

志爲氣的主腦，先志後氣，逆反了先氣後志的時代意識；在人性論史上，孟子的觀念是一爆炸性的突破。孟子又說：

氣壹則動志，志壹則動氣。⑨

「壹」不是專一的意思，與「鬱」屬雙聲轉語，滿盈的意思。⑩「氣壹」即氣盛；氣盛則影響意志，這說法沒有什麼特別；但「志壹則動氣」則是氣亦反過來受志的支配。兩者既互爲影響，何者爲重呢？孟子說：

持其志，無暴其氣。⑪

志爲端正血氣本能的力量，也就是「氣之帥」的意思。

孟子和告子的爭辯，便是涉及意志和本能孰爲先後的問題。告子的意見是：

不得於言，勿求於心；不得於心，勿求於氣。⑫

此就氣、志、言相領遞的因果屬性言，告子主張不要反逆這關係；言既不得要領，則不再反逆於心志；若主觀意志不得要領，也不可以上逆具支配性質的血氣本能。亦即是說，告子持論，屬當時流行的觀念。而孟子的看法是：

不得於心，勿求於氣，可；不得於言，勿求於心，不可。⑬

孟子既以志爲主宰，所以前者爲可。因爲主意已失，再不必降而求其次的血氣本能。至於後者所以不可，因爲心志宰制言行的活動，心爲本，言爲末；言有所不得要領，必須從根柢處加以檢討；這根柢便是心志。志所以定言，於是孟子教人讀《詩》，應該「以意逆志」⑭，而不能停留於文辭的表層。以志爲主宰，所以教士人以「尙志」爲先務。⑮

告子重本能的氣，便特別重視生理的基本需要，於是有「食色，性也」的主張⑯；孔、孟十分留意主觀意志的能力，儘可能控制本能的支配，所以罕言「性與天道」等非意志所能左右的問題⑰；而「有命焉，君子不謂性」⑱，講明了生理本能的活動和需要不是人性的全部。孔、孟不否定氣的重要，只不過更重視志；尚志所以揮落本能的局限，令人的主觀力量可以無限抒放於廣濶的精神境域。因爲此心此志，操之在我，而根之以仁、義、禮、智，反躬自求，精神至充盈圓滿的境界，於是「壹」而動氣，此體此氣亦覺至充實剛健；「至大至剛」、「浩然」，都是志壹動氣的結果。仁義禮智四端爲芽苗，必待「養」始能夠枝繁葉茂；「直養而無害」謂之善養。根於心的四端得其養，而致於心志之充盈。所謂「養氣」，對象不在氣；孟子謂「吾善養吾浩然之氣」，「浩然之氣」是志意因直養善育而得以充盈的結果，是血氣本能轉化爲與志結合的剛健的精神境界。後人多闇於此義，以爲所養的是「氣」，於是嘵嘵於氣上做功夫，反而拐到了告子那裏去，與孟子的距離愈來愈遠了。

四

「尚志」是孟子「養氣」說的關鍵，用舍行藏，反求諸己，居仁由義，不失本心，因此完全擺落血氣的限制。韓愈進誘李翊，便在立志上循循誘導，〈答李翊書〉說：

不知生之志蘄勝於人而取於人邪？將蘄至於古之立言者邪？⑲

有志乎古者希矣！志乎古必遺乎今，吾誠樂而悲之；亟稱其人，所以勸之，非敢褒其可褒而貶其可貶也。問於愈者多矣，念生之言不志乎利，聊相為言之。⑳

到文章的結筆亦處處以「志」提點：

韓愈盡傾一生爲文的奧訣予後輩李翱，就是覺得其「志」可嘉；而講到二十年來作文的經歷，是「始者非三代兩漢之書不敢觀，非聖人之志不敢存」㉑；韓愈一直以孟子自居，所謂「聖人之志」，亦即「修辭明道」。但交淺而言深，韓愈究未清楚李翱爲人，便告之如此偌大的道理，李翱反而有所疑惑，惹得韓愈頗爲動氣，於是有〈重答李翊書〉切責李翊㉒，亦處處以「志」立說。本來韓愈以爲李翊是可造之才，所以偉言尙友古人的志趣，希望厚培李翊的根本；〈答李翊書〉說：

無望其速成，無誘於勢利，養其根而竢其實，加其膏而希其光。根之茂者其實遂，膏之沃者其光曄，仁義之人，其言藹如也。㉓

言之至爲懇切，直如宣心；但意想不到李翺爲射利短淺之輩，「汲汲於知而求待之殊」，非但沒有高遠的志趣，更遑論尙友古人了。韓愈於〈重答李翺書〉借「腹疾無聊不果自書」收筆，頗見忿意。但不可與言而與之言，亦是失言。不過，李翺事亦可見韓愈誘導後輩之誠，眞是言無不盡的。

韓愈以志爲尙的說法，實深得孟子眞際。

五

「尙志」是根柢，「直養」是工夫。仁義禮智根於心，是「養」的對象。韓愈在〈答李翺書〉中講到持養的工夫說：

雖然，不可以不養也：行之乎仁義之途，游之乎《詩》《書》之源，無迷其途，無絕其源，終吾身而已矣。㉔

學「仁義」則禮智在其中，這屬縮略筆法。「養」的工夫大要有三：一是擴充仁義禮智四端而表現於言行舉措之間；二是以《五經》厚植根基；其三則持之以恒，終身不懈。韓愈所講，是親身的體驗，不是高言欺人。「非三代兩漢之書不敢觀，非聖人之志不敢存」，便屬第一二項；二十年於茲，不顧世俗非笑，我行我素，便是「終吾身」而不懈的體現。韓愈總結了二十年來的蛻變經歷的最高境界說：

吾又懼其雜也，迎而距之，平心而察之，其皆醇也，然後肆焉。㉕

縱筆所適，無往而不如志意所使，「其詞與意適」㉖，言意無礙的地步稱之爲「肆」。而「肆」則建立於「醇」的基礎上。「醇」字具有厚凝、專粹的意思；在韓愈的辭彙裏，只有孟子的精神境界抵得上這「醇」字。《讀荀》便說：「孟子醇乎醇者也。」㉗那麼，〈答李翊書〉所說的「其皆醇也」，自然和孟子的精神有密切的聯類關係；換句話說，韓愈寫〈答李翊書〉時，已經自視到達了孟子的思想境界了。韓愈〈答尉遲生書〉說：

夫所謂文者，必有諸其中，是故君子愼其實；實之美惡，其發也不掩：本深而末茂，形大而聲宏，行峻而言厲，心醇而氣和；昭晰者無疑，優游者有餘；體不備不可以成人，辭不足不可以成文。㉘

有諸內而形諸外，原本是傳統以來對文學創作的基本認識，《文心雕龍・體性》是這一觀念的高度概括；而韓愈所說「心醇而氣和」正指出辭氣和心神修養工夫的本末關係。醇指心志的蘊厚，所以說「心醇」；氣指辭氣；曾子說：「出辭氣，斯遠鄙倍。」㉙平和不鄙倍的辭氣是爲「氣和」，爲「心醇」的表現；換句話說，孟子專講仁義而得以稱「醇」，那麼，〈答李翊書〉所說的「仁義之人，其言藹如也」，正是「心醇而氣和」的典型。

「養」是厚培根本的工夫，不急不怠，所謂「直養而無害」，必須堅持不息，經歷漫長時間的磨練，「無望其速成，無誘於勢利」，先充實了人的素質，然後才講文辭。所以，養的對象，是心是志；若專從本能的氣上做工夫，便不是孟子、韓愈的宗旨，只是走告子重氣的方向罷了。從孟子的觀念說，以氣爲第一義，屬本末倒置。若講韓愈的論氣，這問題是必須先辨淸楚的。

六

韓愈先志後氣，不異孟子的旨趣。不過，講文論史的論著往往把歷來論及「氣」的觀念，混爲一談，視作一脈相承的伸延和發展。關鍵在未把握到氣、志、言三者關係的兩種截然不同的認識。簡單說，以氣爲宰，支配志和言的說法，可稱「告子模式」；以志爲制禦，擺脫屬於本能性質的氣的支配，這種「尚志」的主張，姑名之爲「孟子模式」。根據這兩種模式審視古代的文氣論，便可以具體指出性質所在，而不致於混纏不清了。

在中國文學批評史上佔至重要地位的曹丕，於《典論．論文》裏提出「文以氣爲主」㉚的主張。王運熙、楊明《魏晉南北朝文學批評史》以爲曹丕所講的「氣」近於「風格」一詞，同時亦兼指作家的氣質㉛。王金凌《中國文學理論史》亦確指爲一種「由語意、聲氣、采藻三者綜合」的「文體」㉜，換言之，也是以「風格」解釋〈論文〉的「氣」字的含義。這種不謀而合的詮釋，正反映了孤立看待問題的現象。同時，把通義字特殊化，反而混淆了字詞表意的界限。因爲「風格」一詞的意義自有「體」字承擔，若把〈論文〉的「氣」也視爲「體」，氣和體二字便失去界劃。如果把原句讀爲「文以體爲主」，是否可以說和原意沒有分別呢？而下文的「清濁有體」又能否換轉爲「清濁有氣」呢？這都不待辯而明的。

〈論文〉「文以氣爲主」開宗明義便以氣爲宰制，而提出「不可力強而致」，順乎氣性本能的主張，自然輕視「志」的作用。曹丕論各家優劣，亦從氣上講，從未涉及其人志尚；所以，就氣、志、言的關係言，〈論文〉是典型的「告子模式」。即使就曹丕的作品看，他的詩文無不扭習於個人的懷思，諍諍之響不聞，與「經國大業」的說法實爲兩種極端。若只以本能氣性情愫支配文章，亦惟落得妮妮情語的一途。志尚光大，發而爲文章，才能自振於一代。若強執氣字所指，反失大體。

至於《文心雕龍》講「才、氣、學、習」構成作家的「性」㉝，先天後習兩者並重；亦特闢〈養氣〉一篇，但指歸於虛靜㉞，實道家的遺響；而開筆即舉刺孟的《論衡》爲根據㉟；〈體性〉特別提出八體「肇自血氣」，和曹丕的說法沒有分別，而且更強調「氣以實志，志以定言」這以氣爲支配的傳統觀念，亦不外是王充以來所發揮的「告子模式」，與孟子的觀念沒有相干。韓愈從不提《文心雕龍》，正因爲兩者的精神，於本質上並不相同。

而宋人蘇轍〈上樞密韓太尉書〉亦爲論文氣名篇，所講不外以周覽名山勝景以及廣交人物豪俊以培養氣度識見，不是就仁義之心反躬自求，在性質上而言，只是一種從氣上而求的速成工夫，不屬於「孟子模式」，與韓愈的觀念了不相涉。不過，是文爲蘇轍少作㊱，年少氣銳，稍乏深致，亦在所必然。後來文家講養氣的，悉以氣爲對象；只緣於對「養氣」一詞望文生義，不能夠從氣、志、言這脈絡上理解這個問題。有趣的是宋儒反而能夠把握孟子尙志的要義，可惜的是先德後文的載道主張桎梏了道學家對文章的眞正理解。淸代道學家鄧繹批評韓愈重氣輕志㊲，純是耳食不學的妄論。但從鄧繹的評論正反映了後來的文章家的一種重氣的基本趨向。至於後人動不動便以「氣勢」論韓文，把文章越講越虛玄，以制藝套語來掩飾淺薄，可算是韓文一厄。

韓愈自稱粗傳孟子之道，若就「養氣」來說，的確是不虛的。

七

〈答李翊書〉其中一段說明氣、言關係的比擬，最爲膾炙人口；韓愈寫道：

氣，水也；言，浮物也。水大而物之浮都大小畢浮，氣之與言猶是也。氣盛則言之短長與聲之高下者皆宜。㊳

「氣盛」便是那種「浩乎其沛然」的境界，亦即是孟子所講的「浩然之氣」。就設喩來說，水和可以浮起之物是兩不相干的東西，而關係亦只是一面，浮物因水才可以表現「浮」的特性；水愈深則可以浮起的東西愈大，這都屬普通常識和經驗的範圍，本來就沒有甚麼奧義玄旨。氣足以定言是沒有爭論的餘地的。但韓愈志不在說明這人人皆曉的道理，他強調的是「盛」的氣，一股「浩乎其沛然」的氣，亦即是經歷長時間「直養」心志而致的氣；這時，本能的血氣質性轉化爲剛健的精神力量；到了這地步，便可以言與意適，達到「言之短長與聲之高下者皆宜」的境界。講〈答李翊書〉這段文字，必通貫上下文才能理清頭緒，假如抽來孤立地發揮，便會產生斷章取義的弊病，後來談論韓愈「養氣」說的，多犯此通病。

「氣盛言宜」，歸根到底，都是基於志尙。白居易〈韓愈比部郎中史館修撰制〉論韓愈其人說：

性方道直，介然有守，不交勢利，自致名望。㊴

旣志存直道，壹而動其氣，便蘊而爲一股「直氣」，王建〈寄上韓愈侍郎〉詩便稱讚韓愈說：

重登太學領儒流，學浪詞鋒壓九州。不以雄名殊野賤，唯將直氣折王侯。㊵

此「直氣」爲韓愈所獨有，「浩乎其沛然」，也就成爲他的「文體」的性。張籍〈祭退之詩〉說到韓愈的撰作：

獨得雄直氣，發爲古文章。㊶

正是「氣盛言宜」的典貼的注脚。皇甫湜〈諭業〉比況韓文的特色說：

韓吏部之文，如長江大注，千里一道，衝飈激浪，汙流不滯。㊷

「千里一道」可說是「雄直氣」的形容。皇甫湜其實在說明韓文有本有源，立意全化《孟子·離婁》：

源泉混混，不舍晝夜，盈科而後進，放乎四海，有本者如是。㊸

盈科而進的滔滔大流，所以比擬浩然之氣；以水喻氣，實源遠流長。歸根究底，就是活水源泉爲本；此所謂本，即以仁義爲根基的志。

因此，論韓愈的「養氣」，必須從他的志尙說起㊹，才不會失本。「氣」具屬於人，離開了人便不得言氣。在韓愈的觀念說，氣主制言辭；氣可動言，言不能動氣。氣爲言之本，言爲氣之末；因此，後人區區從文字上求氣，自非韓愈的宗旨。若就志和氣講，志是本，氣爲末；而後人談「養氣」，單針對氣本身，也不是韓愈的主張。當然，文學上的主張不是一成不變的，人人都可以講出自己的見解，因爲文學本來就是主觀的產物。不過，如果是承用舊說，亦應該充分了解其原來的意義。以韓愈的主張爲標準的話，後來文章家的養氣論，的確是變譌了。

千餘年來，士子幾乎沒有不涉獵韓文的，「杜詩韓筆」，分別代表了中國文學史上的兩大高峯；然而，韓愈的立言宗旨往往得不到正確的詮解，隨心所欲地抑揚褒貶的情況却多不可勝數。或許「文章千古事，得失寸心知」，對一代文豪的作品來說，的確是須要下多些工夫，才能夠準確地把握其脈搏的。

【附註】

① 錢基博：《韓愈志》。香港：龍門書店，一九六九年。頁一二八。

②楊勇：〈論韓愈文之文氣〉，《韓愈研究論文集》（韓愈學術討論會組織委員會編）。廣州：廣東人民出版社，一九八八年。頁一三八。

③段玉裁：《說文解字注》卷一。臺北：漢京文化事業有限公司影印本，一九八〇年。頁二十。

④參考拙著《摯虞研究》。香港：學衡出版社，一九九〇年。頁五十三至五十七。

⑤《孟子・公孫丑（上）》，《四書章句集注》。北京：中華書局，一九八三年。頁二三〇。

⑥楊伯峻：《春秋左傳注》。北京：中華書局，一九八一年。頁一三一二。

⑦《論語・季氏》載：「孔子曰：『君子有三戒：少之時，血氣未定，戒之在色；及其壯也，血氣方剛，戒之在鬥；及其老也，血氣既衰，戒之在得。』」朱熹引范氏注謂：「君子養其志氣，故不爲血氣所動。」（《四書章句集注》。頁一七二。）

⑧⑨同註⑤。

⑩壹字《說文》小篆寫作壹，壺中有吉。許愼謂「從壺吉聲」。《說文》有「𡔲」字，小篆作𡔲，壺中有凶。許愼解：「壹𡔲也，從凶從壺，不得泄，凶也。《易》曰：天地壹𡔲。」前說吉爲聲，此取不得泄有凶的含義；然而兩字均從壺內有物見意，那麽，許愼吉聲凶義都是望文生義。此壹和𡔲與金文壹、壹壺字中的吉、一沒有分別，吉凶二形只是後來傳寫過程中的譌變形體，原來只作爲一種不指實的指事符號。壺中有東西，表示滿的意思，《說文》解「𡔲」作不得泄，亦保留了其字的原始意義。

在六書體例講，裏的吉字本來是無義的符號，所以屬「指事」字。後來給借用爲專一的一字，久借不歸，便以聲近的邑、鬱、滿等字表其義了。

⑪⑫⑬同註⑤。

⑭《孟子・萬章（上）》。《四書章句集注》。頁三〇六。

⑮《孟子・盡心（上）》載：「王子墊問曰：『士何事？』孟子曰：『尚志。』曰：『何謂尚志？』曰：『仁義而已矣。殺一無罪，非仁也；非其有而取之，非義也。居惡在？仁是也；路惡在？義是也。居仁由義，大人之事備矣。』」（《四書章句集注》。頁三五九。）

⑯《孟子・告子（上）》。頁三二六。

⑰《論語・公冶長》：「子貢曰：『夫子之文章，可得而聞也；夫子之言性與天道，不可得而聞也。』」朱注：「文章，德之見乎外者，威儀文辭皆是也。」（《四書章句集注》。頁七十九。）

⑱《孟子・盡心（下）》。頁三六九。

⑲《韓昌黎文集校注》卷三。上海：上海古籍出版社，一九八六年。頁一六九。

⑳同右註。頁一七一。

㉑同右註。頁一七〇。

㉒文見《韓昌黎文集校注》卷三。頁一七二。曾國藩評說：「韓公文如主人坐堂上與堂下奴子言是非。」

（頁一七二）可見韓愈至厭惡李翊的虛僞，在行文間流露至爲鄙視的語氣。

㉓同註⑲，頁一七一。

㉔㉕同右註。頁一七〇。

㉖韓愈〈進撰平淮西碑文表〉說：「辭事相稱，善並美具，號以爲經。」（頁六〇七）對自己所撰的作品十分有信心。李翺〈與陸傪書〉論及韓愈說：「又思我友韓愈，非玆世之文，古之文也；非玆世之人，古之人也。其詞與其意適，則孟軻旣沒，亦不見有過於斯者。」（《全唐文》卷六三五。上海：上海古籍出版社影印楊州官刻本，一九九〇年。頁二八四二。）李翺所講的詞與意適，義同韓愈所自許的辭事相稱。

㉗《韓昌黎文集校注》卷一。頁三十七。

㉘《韓昌黎文集校注》卷二。頁一四五。

㉙《論語・泰伯》。頁一〇三。

㉚《昭明文選》卷五十二。北京：中華書局影印胡克家本，一九七七年。頁七二〇。

㉛王運熙、楊明：《魏晉南北朝文學批評史》。上海：上海古籍出版社，一九八九年。頁三十。

㉜王金凌：《中國文學理論史》。臺北：華正書局，一九八八年。頁一一三。

㉝王利器：《文心雕龍校證》卷六《體性》。上海：上海古籍出版社，一九八〇年。頁一九一。

㉞ 劉勰在《文心雕龍・養氣》所提出的工夫是「務在節宣，淸和其心，調暢其氣，煩而卽捨，勿使壅滯，意得則舒懷以命筆，理伏則投筆以卷懷，逍遙以針勞，談笑以藥勌，常弄閑於才鋒，賈餘於文勇，使刃發如新，腠理無滯，雖非胎息之邁術，亦衞氣之一方也。」（頁二六〇）不外澄慮安神的莊子思想，其中一字不及「志」的提高。

㉟〈養氣〉起筆便擧王充爲說：「昔者王充著述，制〈養氣〉之篇，驗己而作，豈虛造哉！」（頁二五九）如此肯定王充《論衡》，立言的旨趣已經很明顯了。

㊱ 蘇轍在信裏自道平生說：「轍生十有九年矣。」（《中國歷代文論選》第二册。上海：上海古籍出版社，一九七九年。頁三一一。）蘇轍所論，雖明說得諸孟子，其實是以司馬遷爲典型。

㊲ 鄧繹《藻川堂譚藝・唐虞篇》說：「韓愈之論文章曰：『水盛，而物之大小畢浮；氣盛，則言之短長與聲之高下皆宜。』其言文章之氣，先於骨幹、詞釆，似乎；而不推原於帥氣之志，則猶未爲知本者也。」（《韓愈資料彙編》。北京：中華書局，一九八三年。頁一五二一。）鄧繹能推本於志，本爲有識；却斷章而論韓愈，便失諸輕率。

㊳《韓昌黎文集校注》卷三。頁一七一。

㊴《韓愈資料彙編》。頁十四。

㊵ 同右書。頁一。

㊶同右書。頁六。

㊷《全唐文》卷六七〇。頁三一一七。

㊸《四書章句集注》。頁二九三。

㊹參考本書第一章「修辭明道」。